Die Registratur.

Von

Hermann Kollrack,
Königl. Polizeisekretär am Berliner Polizei-Präsidium.

Zweite Auflage.

Berlin 1907.
J. Guttentag, Verlagsbuchhandlung,
G. m. b. H.

Vorwort zur ersten Auflage.

Das nachstehende Werk soll allen, die sich dem Registraturdienste widmen wollen, sowie Beamten, die bereits in diesem Dienstzweige beschäftigt werden und später einer Registratur selbständig vorstehen, ein leicht verständlicher Leitfaden zur zweckmäßigen, möglichst einheitlichen Handhabung des Registraturdienstes sein.

Ein Bedürfnis zu einem derartigen Leitfaden für diesen wichtigen und für die Ordnung der Behörden bedeutungsvollen Dienstzweig ist bei den fast überall eingeführten Prüfungen, welche sich zum großen Teil auf die im Registraturdienste erworbenen Kenntnisse der Prüfungsanwärter richten, vorhanden.

Der Unterzeichnete hofft, daß seine Arbeit, die nach langjähriger, lehrreicher Tätigkeit und vielfachen Erfahrungen in großen Registraturen von Gemeinde-, Staats- und Reichsbehörden, sowie vorübergehender Beschäftigung im Registraturdienst eines Königlich Preußischen Ministeriums entstanden ist, den jüngeren Beamten und somit auch dem Registraturdienste selbst von Nutzen sein wird.

Der Verfasser.

Vorwort zur zweiten Auflage.

Der Leitfaden hat die im Vorwort zur ersten Auflage erhoffte Nutzanwendung und daneben Anerkennung gefunden.

Er ist nicht nur von Behörden für Prüfungsanwärter angeschafft, sondern es sind danach in Berlin und an anderen Orten neue Amtsregistraturen eingerichtet und geändert worden.

Von tüchtigen, erfahrenen Verwaltungs-Beamten ist gesagt worden, daß nach diesem Registraturleitfaden in jeder Amts-Registratur, ob groß, ob klein, gut und leicht gearbeitet werden kann.

Dementsprechend hat das Buch auch bei Privatbehörden, die ihre Registratur nach amtlicher Art eingerichtet haben, gute Aufnahme gefunden.

Einrichtungen, die fortwährend erstrebter Vereinfachung des Geschäftsganges und Verminderung des Schreibwerks dienen, sind bei der Neubearbeitung des Leitfadens ebenso berücksichtigt, wie das Registerkartenwesen, das in den letzten Jahren der größeren Übersicht wegen in manchen Registraturen aufgenommen ist.

Nach Bedarf sind einzelne Abschnitte ausführlicher behandelt und die Nutzanwendung und Lehre des Inhalts in einem Prüfungsfragenverzeichnis veranschaulicht.

Im Anhange ist zu den Registraturplänen noch ein Doppelplan für Standesamts-Registraturen, ein Plan zur Anlage eines Lagerbuches und eine kurze Anleitung zur Führung einer kleinen Bibliothek angefügt worden.

Das Buch soll, wie bisher, auch weiter ein gutes Hilfsmittel für die Akten- und Schriftenordnung aller Behörden und Ämter sein und bleiben.

Der Verfasser.

Inhaltsverzeichnis.

Allgemeines.

Anhang.

Einleitung.

Alle zur Gemeinde, zum Staat oder zum Reich gehörigen Behörden und Ämter dienen bestimmten Zwecken und sind diesen entsprechend eingeteilt.

Die Einteilung ist eine, den Aufgaben der Behörden und deren Größenverhältnissen entsprechend einfache oder verzweigte.

Die in den Behörden geführten Verhandlungen, Verträge und Schriften werden in besonderen Schriftenkammern geordnet und aufbewahrt.

Diese Schriftenkammern nennt man Registraturen, welche Bezeichnung von „regesta“, d. h. Register (Verzeichnis), abgeleitet ist. Das Wort „regesta“ (Regesten) ist noch in den Archiven (Urkundenaufbewahrungskammern) gebräuchlich und bedeutet dort die Ordnung der Urkunden mit Angabe des Inhaltes und des Ortes, wo dieselben aufbewahrt werden.

Registraturen sind Abarten der Archive und haben manche ihrer Einrichtungen mit denselben gemeinsam.

Alle Urkunden und Akten, welche die Staatsverfassung, die Staats- und Rechtsverhältnisse des Landes betreffen, werden in Archiven untergebracht und sind alle für die vaterländische Geschichte, für Besitz- und Rechtsverhältnisse, sowie für die Staats- und Provinzialverwaltung bedeutungsvollen Akten und Urkunden in den Registraturen der Landesbehörden nur vorübergehend aufzubewahren und müssen später den Staatsarchiven überwiesen werden.

Zur Leitung und Führung von Archiven sind archivwissenschaftlich gebildete Beamte angestellt, während die ordnungsmäßige Handhabung des Registraturdienstes Beamten obliegt, welche neben der von ihnen verlangten allgemeinen Bildung, besondere Geschicklichkeit zur Führung dieses, die Ordnung der Behörde erhaltenden Dienstzweiges haben müssen.

Die zweckentsprechende Führung einer Registratur und der mit ihr in Verbindung stehenden Register und Journale wird nun neben den besonderen Pflichten des Registraturbeamten in folgenden Abschnitten eingehend behandelt, wobei zum leichteren Verständnis die vorkommenden Handhabungen durch Beispiele erläutert sind.

Einrichtung, Zweck und Aufgabe der Registratur.

Besteht eine Behörde aus mehreren selbständigen Abteilungen, so ist für jede derselben die Anlage einer selbständigen Registratur geboten.

Die Einrichtung derselben geschieht nach Maßgabe der behördlichen Geschäftseinteilung.

Dieser entsprechend wird ein Registraturplan aufgestellt, nach welchem die Akten der Registratur und das Verzeichnis derselben — das Akten-Repertorium — angelegt werden.

Bei den verschiedenen Aufgaben der einzelnen Behörden wird eine vollständige Gleichheit des Registraturplanes und dementsprechend auch der Registratur-Einrichtung niemals erzielt werden, indessen können doch die allgemeinen Grundzüge für die Führung der Registratur und ihrer Kontrolljournale selbst bei nicht gleichen Behörden zur einheitlichen Anwendung kommen.

Jede Registratur führt außer dem Repertorium ein Geschäftsjournal, ein zur leichten Auffindung der Sachen bestimmtes alphabetisches Sach- und Personenregister (Index), ein Aktenausgabebuch, einen Terminkalender und eine Portokontrolle.

Unter Benutzung dieser Kontrollregister und Journale sorgt die Registratur für pünktliche Aufzeichnung aller eingehenden Sachen und deren Nachtragung, sowie für die Anlegung, sichere Aufbewahrung, Aufsuchung und Vorlage der Akten mit solcher Vollständigkeit, daß sie zu jeder Zeit über den Verbleib der ihr zugegangenen Akten und einzelnen Sachen bestimmte Auskunft geben kann.

Die Akten.

Anlage und Aufbewahrung.

Die Bedeutung der Akten ist mannigfaltig. Man versteht darunter Beschlüsse, Urkunden, Verträge, alles Geschehene und Verhandelte, sowie Schriftstücke verschiedener Art.

Bei Behörden unterscheidet man Generalakten (acta generalia), welche die über einen bestimmten Gegenstand, über eine Einrichtung vorhandenen Gesetze, Vorschriften, Verordnungen, Verfügungen und Verhandlungen allgemeinen Inhalts, und Spezialakten (acta specialia), welche die Sachen besonderer, also nicht allgemeiner Art enthalten.

Die zusammengehörigen Sachen werden zwischen Aktendeckeln zu besonderen Aktenheften in bestimmter Reihenfolge, gewöhnlich nach dem Erledigungsdatum eingeheftet.

Zum Einheften der Sachen sind bei den Behörden Aktenhefter angestellt.

Es ist jedoch gut, wenn der Registraturbeamte sich die Geschicklichkeit des Heftens aneignet, damit ihm diese in sehr eiligen Fällen bei Abwesenheit des Hefters zustatten kommt. Es ist überhaupt von Bedeutung, daß der Registraturbeamte alles versteht, was mit der Registraturwissenschaft im Zusammenhange steht, damit er imstande ist, jede Handhabung zu erwägen und richtig zu beurteilen. Von Reichs- oder Landesgesetzen, welche neue Einrichtungen bezwecken, sind stets neue Akten anzulegen.

Vor Erlaß eines Gesetzes oder einer Verordnung pflegen mit den beteiligten Behörden Verhandlungen, meistens in Form von Runderlassen voranzugehen. Diese Vorverhandlungen und Runderlasse bilden den Anfang der betreffenden Akten. Es folgt dann das Gesetz.

Haben bereits bestehende Akten mit dem neuen Gesetz einen gewissen Zusammenhang, so ergänzt man sie durch eine Nummer des betreffenden Gesetzblattes, oder durch eine Abschrift des Gesetzes.

Es ist stets darauf zu achten, daß derartige Akten die hinweisenden Vergleichsvermerke enthalten und auch äußerlich auf denselben zu erkennen ist, zu welchen anderen Akten sie in Beziehung stehen.

In dem neuangelegten Aktenstück folgen nach dem Gesetz die Ausführungsbestimmungen und etwaige Nachtragsbestimmungen; Verfügungen und Anordnungen allgemeinen Inhalts finden dahinter ihren Platz.

Zu einem so entstandenen Generalaktenstück werden Spezialakten angelegt, welche Anfragen, Gesuche und Verfügungen, die auf die Ausführung des Gesetzes oder der Verordnung im Besonderen Bezug haben, enthalten. Diese Akten besonderen Inhalts führen eine Bezeichnung, welche derjenigen der Akten allgemeinen Inhaltes entspricht.

Z. B.

Acta

der Königlichen Regierung X

betreffend

Ausstellung und Beglaubigung von Attesten.

Angelegt 1822.

Allgemeine Dienst-Angelegenheiten

Nr. 374. Band 1.

Generalia.

Hierzu Spezialakten:

Gesuche um Ausstellung und Beglaubigung von Attesten.

Entsteht aus einem Gesuche besonderen Inhalts eine Verfügung allgemeinen Inhalts, so wird zwar das Schriftstück in den betreffenden Spezialakten untergebracht, es ist jedoch in derartigen Fällen stets eine Abschrift oder eine Registraturnotiz für die Generalakten anzufertigen, auf welcher ersichtlich ist, in welchen Akten sich die Ursache befindet.

Jedes Aktenstück ist mit einer Aufschrift — der Aktenbezeichnung — versehen, welche in gleichem Wortlaut in dem im folgenden Abschnitt behandelten Inhaltsverzeichnis — Akten-Repertorium — aufgenommen ist. Die laufende Nummer, welche das Aktenstück in diesem Inhaltsverzeichnis erhält, ist seine Akten-Nummer.

Alle Akten allgemeinen Inhalts, sowie die Mehrzahl der Akten besonderen Inhalts, sofern sie nicht bedeutungslose Sammelakten sind, führen am Anfang Inhaltsverzeichnisse. Bei einigen Behörden wird dem Inhaltsverzeichnis noch ein Journalnummernverzeichnis vorgeheftet.

Beispiele zu Akten-Inhaltsverzeichnissen.

1. Beispiel.

Inhaltsverzeichnis

zu den Akten „Rangsachen 2" betr. die Rang- und Standes-Erhöhungen, Ordensverleihungen, Adelsprädikate usw.

Generalia.

Datum	Inhalt	Seitenzahl
20.5. 1809	Kurmärkische Regierung teilt Abschrift Allerh. Kabinetts-Order v. 24. 4. 1809 mit, nach welcher die Beamten nur den Titel ihres Amtes führen sollen	1—2
7.2. 1817	Gesetz-Sammlung Nr. 7 vom Jahre 1817. Verordnung wegen der den Zivilbeamten beizulegenden Amtstitel und Rang-Ordn. v. 7. Febr. 1817.	3—9
10.12.1830	Allerh. Kab.-O. v. 12. 9. 1830, Prüfung der Adelsansprüche	10
19.2. 1833	Ober-Präs.-Erl. — Erzbischöfe haben den Rang der Wirkl. Geh. Räte. Rang der Bischöfe usw.	11—12.

2. Beispiel.

Inhaltsverzeichnis

zu den Akten Zivilstands-Sachen 1. Gen.

Datum	Inhalt	Seitenzahl
9. 3. 1874	Gesetz betr. Beurkundung des Personenstandes und die Form der Eheschließung	1—9
8. 6. 1874	Erlaß betr. die Formulare zu den Registern und Registerauszügen über Beurkundung des Personenstandes und Form der Eheschließung .	10—15
1. 7. 1874	Erlaß betr. Schemata und Muster für die Eintragungen und Standesregister	16—17
16. 9. 1874	Bekanntmachung des Magistrats betr. das Gesetz vom 9. 3. 74 über die hiesigen Standesamtsbezirke	18

Die Aktenblätter müssen numeriert werden. Es erhält die vordere Seite eines jeden Blattes eine fortlaufende Nummer. Damit Aktenhefte nicht zu unhandlich werden, pflegt man sie nur 200 Blätter stark werden zu lassen. Ist der Inhalt einer auf Blatt 193 oder 196 beginnenden Sache so umfangreich, daß er über Blatt 200 hinauswächst, so schadet es nichts, wenn einmal ein Aktenstück einige Blätter stärker wird. Aus einem solchen Grunde darf eine zusammenhängende Sache nie getrennt werden, denn es ist immer richtiger, den Abschluß einer Sache in einem Aktenstück zu führen und auch für den Dezernenten (den die Sache bearbeitenden Vorgesetzten) bequemer, den ganzen Vorgang in einem Bande vorzufinden.

Wird jedoch eine solche Sache voraussichtlich sehr umfangreich, so ist es besser, einen neuen Aktenband anzulegen und den vorhergehenden Band mit Seite 192 oder 195 zu beschließen.

Die Akten, welche unter ihrer Bezeichnung das Jahr ihrer Entstehung verzeichnet haben müssen, erhalten unter diesem Vermerk die Angabe des Schlusses.

Z. B.

„Namensänderungen.“

Angelegt 1. 4. 1875
Geschlossen 1. 10. 1877.

Zu der Angabe des Bandes tritt ergänzend die Angabe des folgenden Bandes hinzu.

Z. B.

„Rang-Sachen“
Nr. 9 Band 52

Hierzu:
Band 53.

Akten, welche das Etats-, Kassen- und Rechnungswesen betreffen, werden am zweckmäßigsten nach den Etatsjahren angelegt und geführt.

Bei den Aktenaufschriften ist auf deutliche Schrift, besonders aber auf große, deutliche Aktennummern Wert zu legen. Diese sind mit echter schwarzer Tusche auszuführen, während die Bezeichnungen mit guter tiefschwarzer Tinte zu schreiben sind. Die früher allgemein gebräuchlich gewesenen sogenannten Aktenschwänze, auf denen der Hauptinhalt neben der Aktennummer angebracht war, und welche links in den Aktendeckel geheftet wurden, befinden sich in der Abnahme und werden nur noch bei wenigen Behörden geführt. Die Akten werden in Repositorien (Standorte mit Fächern, Fächergerüste) oder in Aktenschränken untergebracht. Wichtige oder geheim zu haltende Akten müssen in verschließbaren Schränken aufbewahrt werden. Gestatten es die Registraturräume, so ist es vorteilhaft, wenn die Aktengerüste nicht zu hoch gebaut werden, da es für den Beamten zeitraubend, beschwerlich und lästig ist, mit dicken Aktenbündeln drei bis vier Meter hohe Gerüste zu erklettern. Am zweckmäßigsten ist die Höhe, welche mit tragbaren Trittleitern oder Aktentritten zu erreichen ist.

Bei kleinen Registraturen empfehlen sich zur Aktenaufbewahrung etwa 2 ½ Meter hohe Aktenschränke. Dieselben lassen sich zu mäßigen Preisen herstellen, wenn man sich anstatt mit massiven Türfüllungen mit einfach auf die Türrahmen genagelte Wachsleinewandfüllungen behilft.

Jedenfalls schützen sie die Akten vor dem lästigen Einstäuben, welches sich sonst nirgends vermeiden läßt. Die Fächer führen die Bezeichnung der darin aufbewahrten Akten nach Gruppen und Nummern.

Die verschiedenen Gruppen, welche auch in dem im nächsten Abschnitt beschriebenen Repertorium eine alphabetische Reihenfolge haben, sind in den Aktenfächern ebenfalls alphabetisch und zwar stets von links nach rechts geordnet.

Die Bezeichnung ist auf Pappstreifen groß und deutlich aufgedruckt.

Entweder ist dieselbe über dem betreffenden Aktenfache angenagelt oder nur klappenartig in das Fach hineingeschoben.

Welche Art die zweckmäßigere ist, kann jede Registratur erproben.

Meistens werden die alten Einrichtungen aus Ersparnisrücksichten, oft auch wegen Zeitmangel beibehalten. Bei einzurichtenden Registraturen empfiehlt sich die Anbringung von Pappstreifen, z. B.:

Aktien-Sachen.

Nr. 1 bis Nr. 6.

Bürger-Sachen.

Nr. 7 bis Nr. 12.

Zivilstands-Sachen.

Nr. 1 bis Nr. 6.

Diese Pappstreifen können jederzeit von den Nägeln gezogen werden, während diese selbst stecken bleiben.

Bei der Klappeneinrichtung dagegen hängen die mit der Aktenbezeichnung versehenen Klappen an aktengroßen Pappdeckeln über dem betreffenden Aktenfache.

Akten, die keinen großen Umfang bekommen, wie Streitsachen bei Gewerbegerichten, kleinere Verwaltungsstreitsachen usw. werden in der Form von Faszikeln (das sind dünne Aktenhefte) geführt.

Ein halber Bogen von starkem Papier, in den die Schriftstücke geheftet werden, dient zugleich als Inhaltsverzeichnis und zur Aufnahme der Notizen über den Geschäftsgang.

1. Beispiel.

Gewerbegericht zu Berlin.

Akten

betr. die Streitsache

Krieger

gegen

Friedlich,

wegen 15 Mark Lohnrest.

Termin am 2. Oktober 1906, Vormittag 11 Uhr.

Klage	. . .	Blatt	1—3
Klagezurücknahme	. . .	"	. . .
Vergleich	. . .	"	4
Kosten sind berechnet und geprüft	. . .	"	5

Aufzubewahren bis **1911.**

Prozeß-Register V 925—1906.

2. Beispiel.

Amtsgericht in Stolp.

Akten

über die beim Schöffengericht anhängige Strafsache

gegen

den Spediteur **Morgenroth**

wegen Gewerbevergehens.

Anklage v. 3. 3. 1905	Blatt	1
Eröffnungsbeschluß	„	2
Überweisungsbeschluß	„	3
Hauptverhandlung	„	5
Urteil vom 4. 4. 1905	„	7
Berufungseinlegung	„	8
Entscheidung über die Berufung	„	10
Revisionseinlegung v. 10. 6. 1905		
Entscheidung über die Revision		14
Strafvollstreckung	Blatt	20
Die Kosten sind berechnet	„	21
Der Ansatz der Gerichtskosten ist geprüft	„	22

Weggelegt 1905.

Aufzubewahren bis 1915.

Aktenzeichen C. 99/1905.

3. Beispiel.

Königliches Amtsgericht I zu Berlin.

Akten

betr. die **Vormundschaft**

über

das uneheliche Kind der verwitweten

Bildhauer **Anna Rose** geb. **Boje.**

Verpflichtung des Vormundes	Blatt	1—3
Erbvergleich vom 8. 4. 96	"	7—9
Anerkennungsverhandlung	"	10—12
Beendigt durch Ableben des Kindes	"	13
Entlastungsverhandlung	"	—
Kosten sind berechnet auf	"	14

Der Ansatz der Gerichtskosten ist geprüft
am 15. 10. 1897.

Sandt,
Gerichtsschreiber.

Weggelegt 1897, Blatt 15.
Aufzubewahren bis 20. 5. 1907.
Aktenzeichen: Vormundschaftsregister
F. 4757—96.

Die vorstehend durch Beispiele erläuterte Form einfacher und nicht zeitraubender Anlage von Akten hat sich bei der Justiz-Verwaltung mustergültig bewährt und wird von anderen Registraturen bei nicht umfangreichen Akten des verschiedensten Inhalts mit Nutzen angewendet.

Die Akten werden in den Aufbewahrungsfächern so aufeinandergelegt, daß sie ohne Mühe herausgenommen werden können. Sie liegen so, daß beispielsweise im ersten Fache Nr. 1 unten und Nr. 6 oben liegt; das letzte Aktenstück also stets obenauf zu finden ist.

Um sie lange gebrauchsfähig zu erhalten, sind alle Akten und Schriften mit großer Sorgfalt zu behandeln.

Das Repertorium. Aktenverzeichnis.

Jede Registratur führt über die von ihr nach Maßgabe des Geschäftseinteilungsplanes zu verwaltenden Akten ein Repertorium.

Jedes neu entstandene Aktenheft ist mit seiner vollen Bezeichnung unter dem Vermerk des Entstehungsjahres in das Repertorium zu schreiben und erhält die laufende Nummer desselben als Akten-Nummer.

Da jede Registratur mehrere Gruppen eines Registraturgeschäftsplanes zu verwalten hat, so ist die Anlage je eines Repertorienbandes für jede besondere Gruppe die zweckmäßigste.

Das Repertorium dient als Nachschlagebuch bei Aufsuchung der zu den einzelnen Sachen gehörigen Aktenvorgänge.

Es ist deshalb mit einem alphabetisch geordneten Register zu versehen, welches die Auffindung der Akten erleichtert.

Das alphabetische Register ist hinsichtlich solcher Aktenbezeichnungen, welche mehrfache Bedeutung haben, genau zu führen. Z. B. ist „Paß- und Fremdenwesen" unter P. und F., „Wohnungs-Meldeamt" unter W. und M., „Feld- und Gartenbau" unter F. und G. einzutragen.

Hinter der alphabetischen Bezeichnung steht die Nummer des Aktenstücks, welche, wie erwähnt, die laufende Nummer der betreffenden Repertoriengruppe bedeutet.

In Übereinstimmung der Anlage von Akten sind auch in den Repertorien die Generalakten an erster Stelle aufzuführen.

Die in den Akten enthaltenen Gesetze sind im alphabetischen Register des Repertoriums unter G. ebenfalls aufzunehmen.

1. Beispiel.

Gruppe: Pfarr-, Kirchen- und Schulsachen.

(Lfde. Nr.)		(Angelegt)
91	**generalia,** die Bestimmungen wegen Zulässigkeit und Gültigkeit der von ausländischen männlichen Untertanen in den diesseitigen Landen einzugehenden Ehen	1839
—„—	**specialia,** Eheschließungen von Ausländern in den diesseitigen Landen	1839
	Unter Hinweis auf Nr. 91 erfolgt im alphabetischen Register die Eintragung unter A: Ausländer, Ehen. „ B: Bestimmungen über Zulässigkeit der Eheschließungen von Ausländern. „ E: Eheschließung der Ausländer. Die Akten „Pfarr-, Kirchen- und Schulsachen" Nr. 91 führen obige wörtliche Bezeichnung.	

2. Beispiel.

Gruppe: Zivilstands-Sachen.

Lfde. Nr.	Inhalt der Akten.	Angelegt
1	**Generalia.** Das Gesetz über die Beurkundung des Personenstandes und die Form der Eheschließung vom 9. März 1874 und das Reichsgesetz vom 6. Februar 1875.	1874

Die Eintragung im alphabetischen Register erfolgt unter:
B. Beurkundung des Personenstandes.
E. Eheschließung usw.
F. Form der Eheschließung.
G. Gesetz über die Beurkundung des Personenstandes usw.

Das Ausscheiden von Akten der Registratur wegen Überweisung an eine andere Behörde, oder aus Gründen verschiedener Art, ist im Repertorium entsprechend zu vermerken.

Zur leichten Auffindung der Akten in einer aus verschiedenen Teilen bestehenden Gesamtregistratur, — eine Registratur mit hundert Gruppen hat mindestens fünf Teilregistraturen — dient ein Hauptrepertorium, in welchem die Akten aller Gruppen aufgezeichnet sein müssen. Das Hauptrepertorium ist nach Buchstaben geordnet. Jeder Buchstabe des Alphabets (ausgenommen Buchstaben, wie Q, X, Y, die neben dem vorhergehenden oder nachfolgenden Buchstaben aufgeführt sein können), führt einen mit Seitenzahlen versehenen Band.

Die erste Seite eines jeden Bandes weist den Inhalt des Bandes nach.

Z. B.

Band A.

* Seite 101 (Anfang) als Beispiel für die Inhaltsbezeichnung des Bandes **A.**

Lfde. Nr.	**Atteste**	Aktenbezeichnung
1	**Atteste,** Lebens	**Pensions-Sachen** 75
2	**Atteste,** Ausstellung und Beglaubigung	Allgem. Dienst-Angelegenheiten 374 usw.
3	**Atteste,** Ursprungs usw.	

Das Reskripten-Journal.

Erlaß-Register.

In umfangreichen Registraturen werden zur sicheren Auffindung von Gesetzen, Verordnungen, sowie der für die Behörde bedeutungsvollen Erlasse Register geführt, welche zur täglichen Einzeichnung bestimmt, nach Jahrgängen geordnet sind.

Außer diesen besteht in der General-Registratur großer Behörden ein übersichtlich geführtes Nachschlagebuch für aufzusuchende Gesetze und Verordnungen, das zum Teil durch die Erlaß-Register ergänzt wird. Es muß hinsichtlich aller auf Einrichtung bei den Behörden bezüglichen Verfügungen vervollständigt werden. Die Anlage dieses Nachschlagebuchs ist ebenso einfach, wie zweckmäßig.

Im ersten Bande wird bei alphabetischer Einteilung auf die im zweiten Bande jahrgangsweise nach Datum geordneten, dort näher bezeichneten Gesetze durch Angabe der Seitenzahl hingewiesen.

Beispiel für die Einteilung des ersten Bandes.

A	**B**	**C**	**D**	**Ea—Ed**
Ab	**Ba**	**Ca**	**Da**	**Ee—Eh**
Ac	**Beamte**	**Ce**	**De**	**Ei—En**
Ad	**Be**	**Ci**	**Di**	**Eo—Et**
Ae	**Bi**	**Co**	**Do**	**Eu—Ez**
Ai	**Bo**	**Cu**	**Du**	
Ak	**Bu**			
Al				
Am				
An	usw. bis **Z.**			
Ap				
Ar				
As				
At				
Au				
Az				

Die einzelnen Buchstaben sind durch hervorstehende breite Pergamentstreifen mit entsprechender Bezeichnung kenntlich gemacht.

Beispiel. Band I unter **A.**

Abdeckerei-Wesen.

Gesetz-Aufhebg. S. 261.

Seite 261 Band II.

Datum	Inhalt	Aktenangabe
17. 12. 1872.	Gesetz betr. die Aufhebung und Ablösung der auf den Betrieb des Abdeckereigewerbes bezüglichen Berechtigungen. Beispiel aus Band II.	**Veterinär-Sachen 20.**

Beispiel. Band I unter **K.**

Kreisordnung.

S. 261

13. 12. 1872.	**Kreisordnung** Beispiel aus Band II S. 261.	**Allgemeine Dienst-Angelegenh. 263**

NB. Das Papier in solchen Nachschlagebüchern muß gut und fest, der Einband stark und recht dauerhaft sein.

Eingänge und Journal.

(Geschäftsbuch, Tagebuch.)

Die eingehenden Sachen — Gesuche, Erlasse, Anzeigen usw. — werden nach ihrer Eröffnung durch bestimmte Beamte mit dem Stempel des Eingangstages versehen. Es muß auch jede im Amte an anderer Stelle abgegebene neue Sache von dem abnehmenden Beamten mit der Bezeichnung der Abgabezeit versehen werden, da die Zeitangabe öfters ganz fehlt, öfters auch dem Tage der Abgabe nicht entspricht und es sich um Sachen handeln kann, bei denen die genaue Zeitangabe von großer Wichtigkeit und rechtlicher Bedeutung ist. Die einem Schreiben beigefügten

Anlagen, wie Zeichnungen, Kostenberechnungen, Lichtdrucke usw. werden ebenso wie etwa beigefügte Wert- und Stempelmarken ihrer Zahl und Art entsprechend unter dem Eingangsvermerk verzeichnet. Hierauf sind alle Sachen, nach Abteilungen gesondert, dem Vorgesetzten der Behörde vorzulegen, der sie nach erfolgter Durchsicht mit einem Zeichen versieht und je nachdem eine Sache besonders schnelle Behandlung erfordert, entsprechende Vermerke, wie „Eilt!“ „Eilt sehr!“ „Sofort!“ „Noch heute!“ „Zum Vortrag!“ usw. daraufsetzt.

Nunmehr gelangen die Sachen zur Registratur, wo sie unter dem Vermerk der bezeichneten Anlagen in den Journalen gebucht werden.

In den nachfolgenden zwei Beispielen (Seite 28—31) ist die Journalführung, wie sie bei der Mehrzahl großer und mittelgroßer Registraturen gehandhabt wird, mit entsprechenden Erläuterungen vorgeführt.

Die Eintragungen in das Journal müssen kurz und bündig, dabei aber sachgemäß und deutlich geschehen. Die Einrichtung des Journals hinsichtlich des Formulars wird bei den meisten Behörden eine verschiedene, dem Geschäftsgange entsprechende sein. Die Journalnummern laufen durch das ganze Jahr, d. h. sie fangen mit Nr. 1 an und endigen mit der so und so vielten Nummer am Schlusse des Jahres. Bei einigen Behörden werden die Journale der Registraturen monatsweise geführt.

Hat die Behörde mehrere Abteilungen, so heißt es: Registratur der Abteilung I, II, III usw., oder nur Registratur I, II, III usw. Hat die Registratur der Abteilung mehrere Teile, so werden diese mit A, B, C usw. bezeichnet.

Das Journal I A z. B. ist demnach dasjenige der Registratur A von Abteilung I.

Diese Bezeichnung wird vor die laufende Journalnummer entweder in der Nähe des Eingangsvermerkes oder am unteren

Ende der ersten Seite des Schriftstücks in die Mitte gesetzt, je nachdem es gebräuchlich ist.

Die Journalnummer muß mit deutlich lesbaren Ziffern verzeichnet werden.

Damit kein Schriftstück abhanden kommt, sind auch auf sämtlichen Anlagen einer Sache die Journalnummern mit Bleistift zu notieren. Bei monatsweiser Führung des Journals wird die Monatsbezeichnung der Journalnummer hinzugefügt. Z. B. I A 47/V.

Eingänge, die mit Eilvermerken versehen sind, müssen im Journal kenntlich gemacht werden. Man schreibt entweder „Eilt“ oder „Sofort“ mit farbigem Stift über die Nummer, oder man unterstreicht letztere bei „Eilt“ einmal, bei „Sofort“ zweimal mit Rotstift. Dies geschieht, um derartige Sachen ihrer beschleunigteren Erledigung wegen, besser beaufsichtigen zu können. Über die Frist, in welcher Eilsachen zu erledigen sind, bestehen bei den Behörden besondere Bestimmungen, deren Beachtung dem Registraturbeamten zur Pflicht gemacht wird. Sind beispielsweise die eiligen Sachen nicht am 5. und die „Sofort“-Sachen nicht am 3. Tage nach Eintragung in das Journal erledigt, so sind Rest-Auszüge, deren Art und Form weiterhin erklärt wird, anzufertigen und vorzulegen.

Nachdem die Eingänge journalisiert, d. h. eingetragen worden sind, werden sie in einem Nachschlageregister (alphabetisches Sach- und Personenregister), dessen Zweck und Einrichtung im nächsten Abschnitt behandelt wird, gebucht und zur Vorlage mit etwa vorhandenen Akten und Vorgängen vorbereitet.

Die Vorlage erfolgt nach entsprechendem Journalvermerk an Beamte und Dienststellen, die nach dem Geschäfts-Verteilungsplane in den betreffenden Sachen zuständig sind. Der weitere Geschäftsgang der Sache wird nun den erfolgenden Verfügungen gemäß in übersichtlicher Weise im Journal verzeichnet, so, daß

1.	2.	3.	4.	5.	6.	7.
Nr.	Monat und Datum des Schriftstücks	Tag des Eingangs	Name des Berichterstatters und Gesuchsstellers	Inhalt des Schriftstücks	Namen des Dezernten und Korreferenten und Tag, an welchem derselbe die Sache erhalten hat	Datum der Verfügung
1	31.12.1905	1/1 1906	Altmann Kanzlei-Rat	beantragt die Versetzung in den Ruhestand zum 1. 4. 06 1. Anl.	Ober-Reg.-Rat Fr. 2/1 Vol. 1 A med R. Dr.W, 3/1 V A	15/1
2	30.12.1905	"	2. Niederschl. Inf.-Reg. 47 Posen	Erwiderung auf P. 6300/05 Feldwebel Landgraf ist gestorben	O. R. R. Fr. 2/1 V	4/1
3	27.12.1905	"	Rakete Oberfeuerw. in Spandau	Gesuch um Annahme für den Bureau-Dienst 1 Ziv. Vers. Sch. 3 Anl.	O. R. R. Fr. 2/1 1 Ziv. V. Sch. 3 Anl.	6/1
	Beispiel 1.					

Erklärungen: Spalte 1 bis 5 Eintragung der neuen Sachen.
Spalte 6 wird gestellt, sobald die Sache zur Vorlage reif ist, d. h. sobald Vorgänge und Akten beigefügt sind.
Geht die Sache weiter, so wird das vorhergehende Datum mit Ausnahme desjenigen in Rubrik 7 durchstrichen.
Die Sache muß sich also stets da befinden, wo das Datum noch offen, also nicht durchstrichen ist.
Spalte 7 bis 14 für das Durchtragen der Sachen, Spalte 15 und 16 für das Abtragen der Sachen.
Spalte „Bemerkungen" für das Löschen der Sachen.
Korreferent ist der Mitberichterstatter. Revision ist Durchsicht.
Superrevision ist nochmalige Durchsicht und Prüfung.

8.	9.		10.	11.	12.	13.	14.	15.	16.	
	Monat und Datum.									
Inhalt der Verfügung	Der Abgabe der Verfügung zur Expedition	Der Abgabe der Verfügung zur Kalkulatur	Der Abgabe der Expedition zur Revision	Zur Korrevision oder Mitzeichnung	Zur Superrevision des Herrn Abteilungsdirigenten	Zur Superrevision des Herrn Chefs bzw. des Herrn Ober-Regierungsrats	Zur Kasse	Zur Kanzlei	Des Abgangs und zur Registratur	Bemerkungen und Aktenbezeichnung
. Bericht an Min. Pens. Antrag Vorschl. z. Verleihung		4/1	11/1	12/1	13/1	Chef 14/1	—	15/1	16/1	Pers.-A.
d. Rot. Adl Ord. 4. Kl. . Nach 6 Wochen		V A	3 A VJ	3 A	3 A	3 A		V 3 A cfr.	P. 922	47 1/8 Termin
zu den Akten		2/1	3/1			Chef	—	—	4/1	Anwärter
		V	V			3/1 VJ				12 vol 9
. Urschr. u. R. n. Anl.		3/1	4/1		4/1	O. R. R.	—	6/1	conf.	P. 102/96
D. Artill. Depot Spandau . Aufklär. d. Daten u. Äußerung .|1. 1 Ziv. V. Sch. 3 Anl. . ret. n. 14 Tg.		1 Ziv. Vers. Sch. 3 Anl.	1 Ziv. Vers. Sch. 3 Anl.		1 Ziv. Vers. Sch. 3 Anl.	4/1 1 Ziv. Vers. Sch. 3 Anl.		Ziv. Vers. Sch. 3 Anl.		ret. 21/1

Vol. J. oder VJ. heißt: Volumen beim Journal. Die Akten liegen beim Journal und sind an betr. Stelle nicht mit vorgelegt.
ret. retentum = das Zurückbleibende.
conf. conferire = vergleiche.

Journal Nr. 1 war am 16./1. nach Absendung des Berichts auf Termin zu legen, und zwar auf 6 Wochen. Ein Termin war für den 1./3. festgesetzt. Die Sache wurde zu den losen Terminen gelegt und erst zu den Akten gebracht, als die Verfügung über Inruhestandsetzung mit den Pers.-Akten des Altmann vom Minist. kam.
Dieser Erlaß kam Ende Februar und erhielt die Nr. P. 922.

Journal Nr. 2. Erwiderung des Regiments 47 auf eine Einberufung eines Feldwebels für den Bureaudienst. Die Sache ist der Kalkulatur mit Vorgang zugegangen, damit die Streichung in der Anwärterliste und Einberufung des nächsten Anwärters erfolgen konnte.

Journal Nr. 3. Ist mit Anlagen unter Rückerbittung nach Spandau gesandt.
retentum: in diesem Falle eine anzufertigende Registratur. Notiz zum Zwecke der Rücksendungskontrolle.

Beispiel: 2.

Nr.	Monat und Datum des Schriftstücks	Tag des Eingangs	Namen des Berichterstatters und Gesuchstellers	Inhalt des Schriftstücks	Namen des Dezernenten und Korreferenten und Tag, an welchem derselbe die Sache erhalten
Eilt! 1101	19	21	Pol.=Präsident	Ersuchen um Übersendung einer	R. R. Sand
	4	4	Potsdam Nr. 980.	Abschr. des Entwurfs über das Wasserrecht.	22/4 1 v
1102	19	21	Rüdersdorfer	Bitte um Verlängerung des	R. R. Sand
	4	4	Krahngesellsch.	Erlaubnisscheines zum Dampferbetriebe. 1 Anl.	22/4 v 1 a
1103	17	20	Ministerium	w. Mitteilung über Sachlage	G. Sand
	4	4	der öffentl. Arbeiten III 9291	betr. Fußgängerbrücke über die Oberspree im Zuge der alten Verbindungsbahn.	23/4 22/4 v v a a

die Stelle, bei welcher sich die Sache befindet, stets sicher und bestimmt nachgewiesen werden kann. Die Sache geht zur Reinschrift des Bescheides, Absendung in Urschrift an eine bestimmte Stelle, oder an die Ausgangsstelle zurück, sie wird vertagt und zu den Terminen gelegt, oder geht schließlich erledigt zu den Akten. Je nach der Verfügung wird sie im Journal abgestrichen, abgetragen, vermerkt oder gelöscht und zu den Akten geschrieben. Der Aufenthalt und Verbleib der dem Gesuche bzw. der eingegangenen Sache angeschlossenen Anlagen muß bis zur Erledigung der Sache im Journal stets ganz genau nachgewiesen und darauf geachtet werden, daß nur solche Beilagen zur Kanzlei gegeben werden, die bei Fertigung der Reinschrift des verfügten Bescheides nötig sind, oder welche dem Bericht oder Bescheide beigefügt werden müssen. Alle anderen Anlagen bleiben in der Registratur, in welcher sich ein Fach zur Aufbewahrung derselben befindet.

Datum der Verfügung	Inhalt der Verfügung	Zur Expedition am	Zur Revision u. Vollziehung am	Zur Kanzlei am	Zur Registratur am	Bemerkungen (auch zur Aktenbezeichnung)
23/4	1. Abschr. fertigen	—	23/4	23/4	24/4	Strom- und
25/4	2. M. Anschr. an P.-Präs. Potsdam 3. Z. d. A. Erlaubnisschein	22/4	23/4	25/4	30/4	Graben-S. 170. Schiffahrts-
26/4	„Gültig für 1896" Schifff.-Bur. z. K. u. w. B. 27/4 a bzw. Aushändigung Bericht an Minist. d. öff. Arb.	a v —	u v S. 24/4	a VJ. 26/4	29/4	Sachen 102. Brücken
	Min. Bau-Kommiss. z. Mitzeichng.		G. va 24/4 vu	a VJ.		13.

Beispiel:

Militär-Anwärter **Kahlmann** bittet um Notierung für den Bureaudienst. Er hat zwei Zeugnisse, den Zivil-Versorgungsschein und Lebenslauf seinem Gesuche beigefügt. Ihm wird die Beibringung eines Führungszeugnisses seiner Ortsbehörde durch ein von der Kanzlei zu fertigendes Schreiben aufgegeben.

Die Verfügung ist im Journal wie folgt, vermerkt:

1./V. 1. Schreiben an **Kahlmann** Zur Kanzlei:
Führgs.-Zeugn. einreichen. 1./V.
2. Nach 14 Tagen. 4. Anl.-J.

D. h. die Sache ist ohne Anlagen zur Kanzlei gegeben und diese Anlagen liegen beim Journal, in dem für aufzubewahrende Anlagen bestimmten Fache, dem sogenannten „Anhalter" (anzuhaltende Sachen!). Kommt nun die Sache am 2. Mai nach Absendung des Bescheides an **Kahlmann** zur Registratur zurück, so wird der zu 2 der Verfügung erwähnte Termin, in diesem Falle der 16. Mai, in der linken Ecke der Sache und im Journal in der Spalte „Bemerkungen“ notiert; die vier Anlagen werden der Sache wieder beigefügt und diese selbst bis zum Eingang des geforderten Zeugnisses zu den Terminen gelegt.

Lagen einer Sache Wertmarken bei, so gehen diese nicht mit der Sache in den Geschäftsgang, sondern werden in der Registratur aufbewahrt. Dies geschieht, um das Abhandenkommen und somit auch das Suchen nach verlorenen oder verschobenen Marken, welches den Geschäftsgang aufhalten würde, zu vermeiden. Briefmarken, Stempelwertmarken und sonstige Werte, welche schon bei den „Eingängen“ erwähnt wurden, sind beim Eintragen der neuen Sachen genau aufzuführen. Es wird eine Portokontrolle in einem Heftchen angelegt und darin die Verwendung der Werte täglich beaufsichtigt. Der Aufbewahrungsvermerk über Wertmarken hat auf der Sache und im Journal zu geschehen. Es ist von den Registraturbeamten darauf zu achten, daß die Verwendungsverfügung nicht verabsäumt wird. Nach Verwendung der Marken werden die Vermerke nicht nur im Kontrollheft, sondern auch im Journal gestrichen. Größere zu einer Sache gehörige Geldwerte werden in der Kasse zur Aufbewahrung vereinnahmt und der Verwendungsverfügung entsprechend verausgabt.

Ist hinsichtlich der zu den Sachen gehörigen Anlagen große Aufmerksamkeit zu beobachten, so ist sie es nicht weniger bei den unter die Verfügungen zu setzenden Unterschriften seitens des ersten und anderer Vorgesetzten der Behörden. Bei umfangreichen Behörden sind über das Unterschriftswesen bestimmte Vorschriften gegeben, deren richtige Ausführungen besonders von den Beamten der Registratur genau zu beachten sind.

Die Registratur hat zu diesem Zwecke Fächerstandorte mit den betreffenden Bezeichnungen. Z. B. Chef, Ober-Regierungs-

Rat X., Regierungs-Rat U., Regierungs-Assessor N., Baurat, Medizinalrat, Kassenrat, Justitiar*), Veterinär-Assessor**) usw.

In diesen Fächern werden die Sachen, nachdem sie im Journal den betreffenden Vorgesetzten zugeschrieben (im Journal gestellt) sind, ordnungsmäßig verteilt.

Für das Herausnehmen und Wiederbringen sorgen Boten oder Kanzleidiener. Man achte also stets darauf, daß alle Sachen, bevor sie zur Kanzlei und an andere Stellen gelangen, die vorgeschriebenen Unterschriften haben. Ganz ausgeschlossen muß es sein, daß eine Verfügung ohne Unterschrift zur Kanzlei gegeben wird. Bei der Rückgabe der Kanzleisachen überzeuge sich der Registrator von der ordnungsmäßigen Absendung, die durch Kanzlei-Vermerk ersichtlich sein muß.

Die Kassen-Anweisungen (Zahlungsbefehle), müssen stets vom Kassenrat mitunterzeichnet sein.

Das Journal muß öfters hinsichtlich der noch offenstehenden, das heißt unerledigten Nummern geprüft (durchgesehen) werden.

Amtlich geschieht dies bei größeren Behörden mindestens einmal monatlich und zwar meistens am 1. jeden Monats. Man bedient sich zu diesem Zwecke einer Nummernkontrolle, das ist ein Heft, in welches die noch nicht erledigten Nummern der Reihe nach eingetragen werden.

Unerledigt sind alle Sachen, welche noch nicht zu den Akten gelegt, oder in Urschrift der ersuchenden Behörde oder dem Antragsteller zurückgegeben worden sind. Zur Herbeiführung einer schnelleren Erledigung von Sachen, welche den Beamten der Behörde länger, als vorgeschrieben (die Zeit, in welcher die Sachen

*) Justitiar heißt ein höherer Beamter der Behörde, welcher Prozesse (Rechtsstreitsachen) und Sachen von rechtlicher Bedeutung bearbeitet, Verfügungsentwürfe, in denen ein besonderer Rechtsstandpunkt vertreten wird, prüft und mit unterzeichnet.

**) Titel für amtlich besoldete Tierärzte.

erledigt werden sollen, ist in der Geschäftsanweisung bestimmt) vorliegen, werden Rest-Auszüge nach umstehendem Muster gefertigt.

Stehen z. B. in der Nummernkontrolle die Januarnummern 1, 16, 34, 59, 77, 102, 175, 240, 301, 357, 374, 402, 447 und 450 als unerledigt offen, so sind diese Nummern, welche am 1. März in die Restkontrolle geschrieben worden sind, am 1. April, an welchem die Februar-Restnummern einzuschreiben sind, auf ihre inzwischen erfolgte Erledigung zu prüfen und falls sie erledigt wurden, durchzustreichen. Dies geschieht so lange, bis alle Restnummern erledigt sind.

Nicht alle diese Restnummern erfordern die Anfertigung von Rest-Auszügen, da viele von ihnen bei den Terminen liegen,

Rest-Auszug
aus dem Journal I B
vom Monat Februar 1907.

Laufde. Nr.	Journ.-Nr.	Von wem die Sache ausgeht.	Inhalt der eingegangenen Sache	Wem die Sache vorliegt	Seit wann
1	I B 705	König Wilhelm-Stiftung.	Bericht der König Wilhelm-Stiftung für erwachsene Beamtentöchter für das Jahr 1905/06.	Kalkulatur	8./II.

Registratur I B.
1. IV. 1907.

andere wieder verschiedenen Behörden unter Beding der Rückgabe zu Mitteilungen, Vernehmungen usw. zugesandt wurden und in anderer, bei den „Terminen“ näher zu erklärender Art, ihre Erledigung veranlaßt wird.

Alle Nummern jedoch, welche, wie erwähnt, noch nicht vollkommen erledigt sind, müssen, damit keine von ihnen aus den

Augen kommt, in der Nummernkontrolle Aufnahme finden. Nur so ist es möglich, das Geschäftsjournal klar zu erhalten und es zu einem zuverlässigen Nachschlage- und Auskunftsbuch zu gestalten. Der aufgenommene Rest-Auszug wird als neue Sache behandelt. Nachdem er eingetragen ist, wird die Journalnummer desselben bei der Restnummer selbst im Journal in der Spalte „Bemerkung" mit roter Tinte vermerkt. Alsdann wird er dem betreffenden Dezernenten, welcher die restierende Sache bearbeitet, vorgelegt. Kann die Sache aus bestimmten Gründen nicht erledigt werden, so wird eine Frist verfügt und der Rest-Auszug nach Ablauf dieser Frist von neuem vorgelegt. Ist die im Rest-Auszug aufgenommene Sache erledigt, so ist es auch der Rest-Auszug selbst.

Der Zweck seiner Vorlage ist erreicht und er wird zu den Akten gelegt.

Bei einigen Behörden wird die Erledigung von Restsachen in anderer Form veranlaßt. Ein Vorgesetzter revidiert die Bureaus. Er fängt beim Journal an, wobei er sich gleich von der vorschriftsmäßigen Führung desselben überzeugt und die ausstehenden Restsachen in der über die Revision aufzunehmenden Verhandlung mit aufführt. Sollen derartige Sachen anwesenden Bureaubeamten vorliegen, so überzeugt sich der Revisor hiervon. Die aufgenommene Verhandlung wird mit etwaigen Bemängelungen zur Vorlage gebracht und die baldige Erledigung der Restsachen unter Angabe einer Frist verfügt. Zum angegebenen Termin wird die Erledigung kontrolliert und nach erfolgter Erledigung die Verhandlung zu den Akten „Bureau-Revisionen" gelegt.

Im allgemeinen muß auf pünktliche und schnelle Eintragung und Vorlage der eingegangenen Sachen gehalten werden.

Sach- und Namenregister.

Index.

Der Index ist ein zur leichten Auffindung der Sachen und Vorgänge bestimmter, alphabetisch geordneter Registerband, welcher nach Jahrgängen oder für mehrere Jahre angelegt werden kann.

Die schnelle Handhabung desselben wird durch eingeschossenes Löschpapier erleichtert.

Die Einrichtung desselben ist folgende: Buchstaben A bis Z zur Aufnahme der Sache und des Personen-, Vereins- oder Gesellschaftsnamens.

Die Buchstaben, sowie alle Abschnitte im Sach- und Namenregister, sind durch hervorstehende Pergamentstreifen bezeichnet.

Die in der Registratur verwalteten Gruppen sind in der alphabetischen Reihenfolge mit enthalten.

Außerdem werden Abschnitte für die Behörden aufgenommen.

Beispiel:

A. Abteilungen
Allgemeine Dienst-Angelegenheiten
Arbeitshaus
Armen-Anstalten

B. Bureaubeamte
Bureaubedürfnisse

C.

D. Dienstgebäude

E.

F. Feuerlöschwesen

G. Gendarmerie

H.

I. Institutenfonds

K. Kabinett
Kriegsministerium

L.

M. Ministerium für auswärtige Angelegenheiten
Ministerium für Finanzen
Ministerium für geistliche, Unterrichts- und Medizinal-Angelegenheiten
Ministerium, Justiz
Ministerium für Landwirtschaft, Domänen und Forsten
Ministerium der öffentlichen Arbeiten
Ministerium des Innern
Ministerium für Handel und Gewerbe

N.

O.

P. Pensions-Sachen

Q.

R. Requisitionen (anderer Behörden, Regierungen, Landrats-Ämter u. a. m.)

S. Staatsministerium

T.

U.

V. Verordnungen

W.

X. Y.

Z. Zeitschriften
Zeitungsausschnitte.

Eine Verfügung oder Verordnung, welche von einer Zentralbehörde (Ministerium), ein Ansuchen, welches von einer anderen Behörde ausgeht, wird an entsprechender Stelle, z. B. bei „Ministerium des Innern", bei den „Requisitionen" und unter dem Buchstaben des in dem Schriftstück vorkommenden Namens und Gegenstandes, des Stoffes und des Hauptinhalts eingetragen.

Beispiel:

Unterstützungsgesuch des Malers **Wesselburg** für seine Pflegebefohlene, Tochter des verstorbenen Assessor **Dörr**'schen Eheleute, Friederike **Dörr**. Das Gesuch war dem Ministerium des Innern eingereicht und wird von diesem der Regierung zu Posen zur Äußerung übersandt.

Eingeschrieben unter: **D.**
Dörr, Friederike, Unterstützg.
J.=Nr. I/47
unter: Ministerium des Innern.
3/I. 07. C. 15. Unterstützungs=Ges.
des Wesselburg für Friederike
Dörr . . . . . J.=Nr. I/47
unter: **W.**
Wesselburg, Unterstützungs=Ges. f.
Friederike Dörr . J.=Nr. I/47.

Jede Sache, so ausführlich gebucht, wird jederzeit gefunden werden können.

Durch dieses Register findet man die Journalnummer und durch diese den Verbleib der Sache.

Ein unsicheres und zeitraubendes Nachsuchen im Journal ist vermieden.

Zum Zeichen, daß die Sache im Index eingetragen ist, wird im Journal unter der Nummer und auf der eingetragenen Sache neben der Journalnummer ein kleines Hakenzeichen gefertigt. Durch dieses beaufsichtigt man die eigene Arbeit und vermeidet dadurch ein Vergessen.

Die Namen im Index werden möglichst ausgeprägt geschrieben, damit sie dem Suchenden leichter in das Auge fallen.

Verausgabung der Akten und Akten=Ausgabebuch.

Die Vorlage von Sachen an die zuständigen Dezernenten erfolgt stets unter Beifügung der zugehörigen Akten und Vorgänge. Der auf die neue Sache Bezug habende Vorgang wird in den Akten durch ein Lesezeichen angemerkt, oder es wird durch einen Bleistiftvermerk auf der neuen Sache angezeigt, welche Seiten der Akten den Vorgang behandeln. Gleichzeitig wird durch Notierung der neuen Journalnummer am Schlusse der alten Sache auf den neuen Eingang hingewiesen.

Alle aus der Registratur gehenden Akten werden in einem besonderen Akten-Ausgabebuche vermerkt.

Muster:

Akten-Ausgabebuch.

Tag der Ausgabe	Bezeichnung der Akten	Akten-Nummer	Band	Zur Journal-Nr.
1907 20. 4.	Justiz-Sachen	63	2	I B 2174
—„—	—„—	26	1	„ 2249
21. 4.	Prozeß-Sachen	1075	—	„ 2301
—„—	Justiz-Sachen	22	1/2	R. R. Roeßler

Die Einteilung des Akten-Ausgabebuches nach Abschnitten (Gruppen der Registratur) ist zweckmäßig. Es erleichtert durch Übersichtlichkeit das Suchen.

Die Akten bleiben, solange sie im Geschäftsgange sind, im Ausgabebuche offen stehen, da sie während des Geschäftsganges durch die Journalführung derart beaufsichtigt und angemerkt werden, daß ihr Aufenthalt jederzeit festgestellt werden kann. Erst, nachdem die Akten im Geschäftsgange vollständig erledigt und die betreffenden Sachen eingeheftet worden sind, werden sie im Ausgabebuche abgestrichen und an ihren Ort gelegt.

Zur Aufrechterhaltung der Ordnung in den Geschäften ist es nicht zu gestatten, daß Registratur-Beamte Akten an andere Behörden oder einzelne Beamte ohne weiteres verabfolgen.

Dagegen können den Ministerialbehörden Akten auf Erfordern ohne Umstände übersandt werden.

Die Rückgabe aller außerhalb der Dienstbehörde verausgabten Akten wird bei den Terminen besonders überwacht.

Der Terminkalender.

Die Termine.

Zur pünktlichen und ordnungsmäßigen Erledigung aller Sachen, welche mit bestimmter Frist vertagt worden sind, ist ein Terminkalender zu führen. Derselbe ist nach Tagen eingerichtet und erhält neben der Journalnummer die Bezeichnung der vorzulegenden Akten. Es ist zweckmäßig, den Terminkalender für einen Zeitraum von fünf bis zehn Jahren anzulegen, da zur Erneuerung von Miets- und Pachtverträgen, Lieferungsausschreibungen usw. derartig lange Zeiträume geboten sind.

Die Notierung der Termine erfolgt der Verfügung entsprechend. Lautet die Verfügung: „Nach 6 Wochen!" „Nach 3 Monaten!" „Nach 6 Monaten!" „Nach Jahresfrist!", so wird der betreffende Termin vom Tage der Verfügung ab gerechnet in den Terminkalender eingetragen und die erfolgte Eintragung auf der Sache unterhalb der Verfügung als Ausführung derselben vermerkt. Die Sache wird sodann zu den Akten gebracht.

Auf der ersten Seite des Terminkalenders sind die sich alljährlich wiederholenden Termine verzeichnet, welche ebenfalls unter dem Tage, an dem die Sachen zur Vorlage kommen sollen, aufgeführt und bei der Anlage eines neuen Terminkalenders, solange ihre Löschung (Streichung) nicht verfügt ist, übertragen werden müssen.

Die Vorlagen der Akten, welche im Terminkalender verzeichnet stehen, haben pünktlich am angegebenen Tage zu erfolgen.

Terminssachen, deren Notierung auf Sonn- und Feiertage fällt, müssen am Tage zuvor zur Vorlage kommen.

Die Vorlagen geschehen außer den zur Erledigung mit Frist vertagten Sachen zur Veröffentlichung von Bekanntmachungen, alljährlich wiederkehrender Verordnungen, wie z. B. zur Badezeit über das Baden in freien Gewässern, oder über die veränderte Handhabung der Sonntagsruhe am Sonntage vor Weihnachten, sodann zur Einforderung ausstehender Berichte, Verhandlungen usw.

Die Vorlagen erfolgen an die in den Sachen zuständigen Dezernenten und Dienststellen.

Steht z. B. im Terminkalender für den 15. August 1907.

I 1147 „Bureaubeamte 20"

verzeichnet, so ist die Vorlage in folgender Weise zu fertigen:

Berlin, den 15. August 1907

Herrn Regierungs-Rat

Dr. von Kaisertreu.

Zufolge Verfügung vom 15. Februar d. J.
Journ.-Nr. I 1147 werden

Akten

betreffend die Prüfung der Bureaubeamten zur weiteren Veranlassung hiermit vorgelegt.

Registratur I.

Acta: „Bureau-Beamte Nr. 20".

In dieser Form werden alle Aktenvorlagen gefertigt. Dieselben werden als neue Sachen im Journal eingetragen.

Der Termin wird im Terminkalender nach erfolgter Erledigung gestrichen. Der Vermerk über den notiert gewesenen Termin auf der betreffenden Vorgangssache ist ebenfalls zu löschen (durchzustreichen) und darunter die Journalnummer der Aktenvorlage zu schreiben.

Z. B. cfr I 7247/07

d. h. conferatur, vergleiche.

Diese Übertragungsnummer ist beim Durchlesen der Akten und bei dem Suchen nach Vorgängen von Wichtigkeit und es darf der Vermerk nie verabsäumt werden.

Geht eine Sache, bezüglich deren ein Termin notiert ist, schon vor dem betr. Termine ein, so ist der Termin ohne weiteres zu streichen und der Vorgang erhält die Journalnummer des Eingangs als Übertragungsnummer, wie erklärt, vermerkt.

Man hat also dem Terminkalender hinsichtlich der rechtzeitigen Streichung in vorerwähnter Weise erledigter Termine große Aufmerksamkeit zuzuwenden.

Ist nach dem Terminkalender ein Aktenstück vorzulegen, welches sich zu einer anderen Sache im Geschäftsgange befindet, so ist die Vorlage unter Zuhilfenahme des Journals zu fertigen und mit entsprechendem Vermerk über den Aufenthalt der Akten dem betr. Dezernenten zur weiteren Veranlassung zuzustellen.

Sachen, welche nach 3 bis 10 Tagen wieder vorzulegen sind, werden der Kürze halber zu den losen Terminen gelegt. Für diese hat man Mappen mit der Überschrift: „Lose Termine der Registratur X“ mit Monatsangabe, welche in besonderen Terminfächern aufbewahrt werden.

Diese Sachen haben den Termin in der Ecke derjenigen Seite vermerkt, auf welcher sich die Verfügung der Wiedervorlage befindet.

Ist dem verfügten Termin ein Schreiben vorausgegangen, so wird der Termin nicht mehr nach dem Verfügungsdatum, sondern nach dem Datum der Absendung des betr. Schreibens berechnet und vermerkt.

Es empfiehlt sich, die Termine gleich nach den eingegangenen neuen Sachen vorzulegen, damit diejenigen zu den neuen Sachen gehörigen und unter den Terminen befindlichen Vorgänge bereits entnommen sind und wirklich nur solche Terminsachen vorgelegt werden, deren Erledigung noch aussteht.

Der Zweck dieser Terminvorlagen ist im wesentlichen derselbe, wie der bei den Aktenvorlagen erklärte.

Die erwartete Antwort oder der noch ausstehende Bericht wird wiederholt eingefordert, bis die alten Terminssachen schließlich auch erledigt und aktenreif sind, wofür dann wieder neue Sachen den freigewordenen Raum ausfüllen.

Dem Terminswesen ist große Wichtigkeit beizumessen. Es ist gewissermaßen die Weichenstellung für den Geschäftsgang der Behörde. Besonders bei den Akten, welche die von der Behörde behandelten Streitsachen (Prozesse) betreffen, überzeuge der Beamte sich, bevor er die Akten weglegt, ob auch die Termine notiert sind, da es nicht ausgeschlossen ist, daß er bei einer Versäumnis ersatzpflichtig gemacht wird.

Verlorene Akten.

Es kann trotz größter Aufmerksamkeit des Registraturbeamten einmal vorkommen, daß ein Aktenheft derartig verschleppt wird, daß es trotz eifrigster Nachsuchungen nicht aufzufinden ist. In einem solchen Falle ist Anzeige zu erstatten und es werden zur Nachsuchung in allen Abteilungen und Bureaus der Behörde Laufzettel gefertigt. Bleibt das Aktenstück spurlos verschwunden, so ist mit Hilfe der über dasselbe vorhandenen Buchungen ein Aushilfsaktenstück herzustellen. Nach dem Repertorium wird das

Entstehungsjahr festgestellt. Von diesem ab werden aus dem Sachregister alle zum Inhalt der verlorenen Akten gehörigen Journalnummern notiert und von diesen Journalauszüge gefertigt.

Die wichtigsten Verhandlungen müssen durch Abschriften ersetzt werden, während für die weniger belangvollen Sachen die gefertigten Journalauszüge genügen werden. In einem solchen Falle tritt die Wichtigkeit einer klaren und übersichtlichen Journal- und Registerführung deutlich hervor. Das entstandene Hilfsaktenheft wird mit entsprechender Anzeige begonnen und falls sich das fehlende Aktenheft wiederfindet, mit entsprechender Notiz geschlossen und den ursprünglichen Akten einverleibt.

Von einem solchen sehr seltenen Vorkommnis erhält auch das Akten-Repertorium Notiz.

Die Aussonderung von Akten.

Zur Gewinnung von Raum ist die Aussonderung veralteter, nie mehr in den Gebrauch kommenden Akten von Zeit zu Zeit geboten. Die Aussonderung geschieht zum Zwecke der Vernichtung und es bedarf dazu der ausdrücklichen Genehmigung der einer Verwaltung vorgesetzten Behörde. Alle Akten, deren Aussonderung in Frage kommt, sind vorher durch einen Beamten hinsichtlich ihrer Entbehrlichkeit mit Sorgfalt zu prüfen, wofür ihm eine Remuneration (Belohnung) bis zu 25 Prozent vom Reinerlöse des Aktenverkaufes gewährt werden kann.

„Es soll jedoch nach ausdrücklicher Allerhöchster Bestimmung darauf gesehen werden, daß diese Remuneration nicht die Natur einer Tantieme annehmen und nicht dazu verleiten darf, durch minder sorgfältige Prüfung und Aussonderung der aufzubewahrenden Akten auf einen möglichst hohen Erlös aus dem Aktenverkaufe hinzuwirken.“

Die darüber ergangenen Allerhöchsten Kabinetts-Orders vom 22. 8. 1799 und 24. 11. 1838 sind in dem Ministerial-Erlasse vom 25. 10. 1876 zusammengefaßt. (Vgl. Min.-Bl. 1876 S. 254.) Der Ministerial-Erlaß lautet:

1. Durch Verminderung der Registraturen und Ausscheidung der zum laufenden Geschäftsbetriebe nicht mehr erforderlichen Akten soll Raum in den Geschäftslokalen beschafft und deshalb bei allen Verwaltungsbehörden eine genaue Untersuchung ihrer Registraturen veranlaßt werden, um zu ermitteln, welche Akten

a) zum ferneren Geschäftsbetriebe unentbehrlich sind und daher in der Registratur noch verbleiben müssen;
b) zwar für die laufenden Geschäfte zurzeit nicht gebraucht werden, aber doch dazu geeignet sind, noch ferner aufbewahrt zu werden;
c) unbedenklich vernichtet werden können.

Die Akten sollen nach diesen Kategorien gesondert und von den unter b und c zu bringenden besondere Verzeichnisse angelegt werden. Bei der Untersuchung ist jedes einzelne Akten-Volumen durchzugehen; einzelne Stücke, deren fernere Aufbewahrung notwendig oder wünschenswert erscheint, sind aus solchen Akten, deren übriger Inhalt wertlos ist, herauszunehmen und zu den betr. zur Konservierung bestimmten Akten zu bringen. Die unter Kategorie b sortierten Akten werden in ein besonderes Lokal, oder doch in eine besondere Registratur-Abteilung mit der Bezeichnung „Reponierte Registratur" gebracht, bzw. an das Staatsarchiv abgeliefert. Die unter Kategorie c fallenden Akten und Papiere sind mit der Bedingung zu verkaufen, daß sie gleich nach der Auslieferung eingestampft werden.

2. Rechnungsbeläge, deren Aufbewahrung länger als 10 Jahre nötig erscheint, sind mit dem Buchstaben A, spätestens bei Vorrevision und Abnahme der betr. Rechnung, besonders zu bezeichnen. Die übrigen Beläge dürfen nach Ablauf von 10 Jahren, von dem Tage ab gerechnet, an welchem die betr. Rechnung durch die Königl. Ober-Rechnungskammer dechargiert ist, vernichtet werden.

Bau-Anschläge resp. Revisions-Nachweisungen und dazu gehörende Zeichnungen sind nach Dechargierung der betr. Rechnung aus den Rechnungsbelägen zu entnehmen und an die betr. Lokal-Baubeamten zur Aufbewahrung zurückzugeben.

Konzept-Rechnungen und Manuale dürfen in der Regel

a) wenn zwei Reinschriften der Rechnung eingereicht und noch vorhanden sind, nach Ablauf von 10 Jahren seit Erteilung der Decharge — ebenso wie andere Kassenbücher;

b) sonst erst nach 50 Jahren seit Ablauf des betr. Rechnungsjahres — ebenso wie die der vorgesetzten Behörde eingereichten Rechnungsexemplare;

Asservaten-Bücher und Vorschuß-Konten nach 30 Jahren,

Haupt-Journale der Zentral- und der Provinzial-Kassen nach 50 Jahren

vernichtet werden.

3. Zu jeder Aussonderung bzw. Kassation bedarf es der Genehmigung, und zwar:

a) bei Zentralbehörden und Zentralkassen durch den Departementschef;

b) bei Provinzial-, Kreis- und Lokalbehörden resp. Kassen durch die vorgesetzte Provinzialbehörde;

c) bei den Staatsarchiven durch den Direktor der Staatsarchive.

4. Verzeichnisse der zur Vernichtung ausgesonderten Akten und sonstigen Schriftstücke sind vor der Kassation dem betr. Staatsarchive mitzuteilen — aus der Provinz Brandenburg dem Direktor der Staatsarchive und des geheimen Staatsarchives —, damit die zur Aufnahme in dem Archive geeigneten, für die verschiedenen Zweige der vaterländischen Geschichte, für die Besitz- und Rechtsverhältnisse und für die Verwaltung der Provinzen resp. des Staates wichtigen Akten usw. ausgewählt und dorthin abgeliefert werden können.

5. Die zu kassierenden Akten sind der Regel nach öffentlich an die Meistbietenden zu verkaufen, zum ausnahmsweisen Verkaufe aus freier Hand bedarf es der besonderen Genehmigung der ad 3 genannten Behörden.

6. Der Verkauf darf nur zum Einstampfen gleich nach Empfang der Akten usw., oder zu einem sonstigen vernichtenden Gebrauche an zuverlässige Personen erfolgen. Die Rücksicht auf Erzielung eines höheren Erlöses tritt dabei zurück; es soll jedem Mißbrauch der Schriftstücke vorgebeugt werden.

Über die geschehene Einstampfung ist ein amtliches Attest beizubringen. Hiervon kann nur abgesehen werden, wenn ein solches Attest nicht ohne erhebliche Schwierigkeiten zu beschaffen sein würde.

In letzterem Falle müssen aber die Akten usw. vor dem Ablassen zum Einstampfen insoweit zerschnitten und auseinandergelegt werden, daß ein Mißbrauch bzw. eine Kenntnis von dem Inhalte der einzelnen Blätter nicht mehr möglich ist. Es genügt dazu nicht, wenn die einzelnen Akten aufgelöst und die einzelnen Blätter verschiedener Aktenstücke durcheinander gemischt werden, weil dabei die einzelnen Aktenstücke unversehrt bleiben. Nur beim Verkaufe von unbeschriebenen Blättern, welche bei Durchsicht der zu kassierenden Akten herausgenommen sind, von Akten- oder Bücherdeckeln, von Zeitungen oder anderen öffentlichen Drucksachen darf von der Bedingung des Einstampfens Abstand genommen werden.

7. Aus dem Verkaufserlöse sind zunächst alle bei der Aussonderung und beim Verkaufe durch das Zertrennen und Zerreißen der Akten usw., durch den Transport, durch Bekanntmachung des Verkaufstermines oder sonstwie entstandenen Kosten zu berichtigen.

8. Aus dem nach Abzug dieser Kosten verbleibenden Nettoerlöse können, jedoch nur soweit es sich um den Erlös aus dem Verkaufe unbrauchbarer Akten handelt, den mit Prüfung und Aussonderung der verkauften Akten beauftragt gewesenen Subalternbeamten, sowie den zu dem Aussonderungsgeschäfte herangezogenen Unterbeamten, Remunerationen und zwar zusammen bis auf Höhe von 25 Prozent des gedachten Nettoerlöses bewilligt werden.

Beim Verkaufe von alten Kassenbüchern, Rechnungen, Listen- und Rechnungsbelägen, sowie von Zeitungen und anderen Drucksachen wird eine Remuneration **nicht** gewährt.

Auch ist es nicht Absicht, in allen Fällen die vollen 25 Prozent des Nettoerlöses zu Remunerationen verwenden zu lassen; bei bedeutenderen Aktenverkäufen soll ein geringerer Anteil ausreichen.

Zur Bewilligung selbst sind die Provinzial-Behörden hinsichtlich der Aktenverkäufe bei den Provinzial-, Kreis- und Lokal-Verwaltungen, der Direktor der Staatsarchive in betreff der Verkäufe bei den Archiven, sowie die Ministerien ermächtigt.

9. Der nach Abzug der Kosten des Verkaufes und der etwaigen Remunerationen verbleibende Rest des Erlöses ist für die allgemeinen Staatsfonds extraordinär zu vereinnahmen.

Bei den in den Provinzen ausgeführten Verkäufen erfolgt die Vereinnahmung und Berechnung durch die betr. Regierungs- resp. Bezirks-Hauptkassen, im übrigen durch die Zentralkassen.

An die Kasse gelangen zugleich mit der Annahme-Order das Auktionsprotokoll. Die Atteste über das Gewicht der verkauften Akten usw., sowie über das erfolgte Einstampfen, die Beläge über die Unkosten und die Quittungen über die gezahlten Remunerationen.

Für die Justizverwaltung ist die Aussonderung und Vernichtung der Akten usw. durch die Allgem. Verfügung vom 20. Dezember 1896 (Just.-Min.-Bl. S. 366) neu geregelt.

Um die alten Akten vor Mißbrauch zu bewahren, sind die Bestimmungen des Justizministers in neuerer Zeit noch ergänzt worden:

„Bei dem Verkauf von ausgesonderten Akten, Registern, Urkunden, Kassenbüchern, Rechnungen und Belegen durch die Justizbehörden ist als Verkaufsbedingung die Verpflichtung des Käufers aufzunehmen, die erstandenen Akten einstampfen oder sonst vernichten zu lassen, niemanden deren Durchsicht zu gestatten und innerhalb bestimmter Frist und in näher festzusetzender Art und Weise den Nachweis über die erfolgte Einstampfung oder sonstige Vernichtung zu erbringen."

Vereinfachung des Geschäftsganges und Verminderung des Schreibwerks im Registraturdienst.

Die Vereinfachung des Geschäftsganges im Registraturdienst und damit verknüpfte Verminderung des Schreibwerks wird in den dafür geeigneten Registraturen zunächst durch Einführung von Registerkarten erzielt.

In den Registraturen der Melde-Ämter sind Registerblätter und Registerkarten zweckmäßig und nutzbringend eingeführt, weil es dort darauf ankommt, die Personal-Verhältnisse für die verschiedensten Anforderungen des öffentlichen und amtlichen Lebens ohne Zeitverlust, d. h. so schnell, als möglich, festzustellen. Dementsprechend sind auch in anderen Registraturen für Personal-Angelegenheiten, z. B. bei Armen-Verwaltungen in

Waisen-, Pflege-, Mündel- und außerdem bei Polizei-Verwaltungen in Strafsachen Registerkarten oder Registerblätter angelegt worden.

Die Registerkarten bestehen aus starkem haltbaren Papier in Groß- oder Quartformat. Wird zur genauen Auseinanderhaltung der verschiedenen Zwecken dienenden Karten farbiges Papier gewählt, so ist zunächst hellblau, hellgrün und rosa zu empfehlen, während die gelbe Farbe weniger empfehlenswert ist, weil sie im Dämmerlicht und bei Lampenlicht schwer von hellem Papier zu unterscheiden ist.

Die Registerkarten werden alphabetisch (lexikalisch) geordnet, in starken mit Leinewand überzogenen Registerkästen aufbewahrt. Diese Registerkästen stehen in offenen Fächern von Aktengerüsten (Fächergestellen) und sind zur bequemen Herausnahme mit Lederhenkeln versehen. Die Buchstaben der in den Kästen befindlichen Registerblätter sind durch aufgeklebte Zettel von außen ersichtlich zu machen. Zum Gebrauch können die Blätter bequemer entnommen werden, wenn eine Längs- und eine Schmalseite des Registerkastens beim Abheben des Deckels auseinanderklappt.

Die den verschiedenen Zwecken dienenden Spalten der Registerblätter müssen für die Eintragungen genügend breit sein. Die Einrichtung und Ausfüllung der Registerkarten oder Blätter erfolgt bestimmten Zwecken entsprechend.

Beispiel der Registerkarten in der Karten-Registratur einer Armen-Verwaltung:

Auf den der Beaufsichtigung der Mündel dienenden Karten sind Vor- und Zunamen, Geburtstag und Ort, Religion des Mündels, Name und Wohnung des Vormundes und Gegenvormundes (Pflegers oder Beistandes) ersichtlich und Spalten für die Wohnungsangaben eingerichtet. Durch ordnungsmäßige Führung dieser Karten erfolgt die im Bürgerlichen Gesetzbuch vorgeschriebene Kontrolle der Mündel durch die Waisenpfleger selbst.

Es ist deshalb noch eine Spalte zur Aufnahme des Datums der Kontrolle, die alle Vierteljahre vorzunehmen ist, auf der Karte vorhanden. Zur Überweisung des Blattes an andere Gemeinden im Falle des Wegzuges (Verzuges) besteht außerdem der Vordruck:

„Dem Gemeindewaisenrat zu .... mit dem Ersuchen um Beaufsichtigung mitgeteilt."

Die im Bureau des Waisenrats ausgefüllten Karten, die der Eintragung in die vom 1.—21. Lebensjahre jahrgangsweise geordneten Tagebücher genau entsprechen müssen, gehen durch die Bezirksvorsitzenden an die zuständigen Armen- und Waisenpfleger. Bei verändertem Wohnort des Mündels oder im Todesfall werden die Mündel-Registerkarten von den Armen- und Waisenpflegern auf dem nämlichen Wege an die Armen-Verwaltung zurückgegeben. Von hier aus wird das Blatt (die Karte) entweder dem zuständigen Bezirk übermittelt, oder zu den Akten genommen.*)

Außer den verschiedenen Zwecken dienenden Spalten muß jede Registerkarte die Aktenbezeichnung (der Personal-Straf-Akten u. a.) führen. Hierdurch wird in sehr umfangreichen Registraturen die Auffindung der Akten wesentlich erleichtert. Demnach ist die Auffindung von Akten nach der vorhandenen Registerkarte also schneller möglich, als durch das Akten-Inhalts-Verzeichnis. In Meldeämtern fällt die Aktenbezeichnung fort, weil dort die Akten durch das Registerblatt ersetzt werden.

In Karten-Registraturen wird bei alphabetisch richtiger Ordnung und pünktlicher Einfügung der Karten an den gehörigen Ort, die Führung des alphabetischen Personen-Registers gespart. Dadurch, daß nach verschiedenen Ereignissen, z. B. bei

---

*) Das vorgeführte Beispiel entspricht der Registerkartenführung einer durch Stadtrat Pütter mustergültig eingerichteten Karten-Registratur bei der Armen-Direktion in Halle a/S.

Verzug und Todesfällen der verzeichneten Personen die Registerkarten aus den Kästen entfernt werden, bleibt die Karten-Registratur in beständiger Ordnung, während alphabetische Register durch Streichungen sehr unübersichtlich werden. — Die Registerkarten verhindern durch die darauf vorgenommenen zweckmäßigen Notizen ein weiteres Anwachsen der Akten und sparen neben der Verausgabung und Versendung der Akten in den meisten Fällen ein zeitraubendes Aktenstudium.

Neben dem Registerkartenwesen verdient wegen der Geschäftsvereinfachung und Schreibverminderung im Registraturdienst noch mancherlei Beachtung:

Das schnelle und starke Anwachsen der Akten kann vermindert werden, indem manche Angelegenheit in der Urschrift erledigt, oder dem Antragsteller zurückgesandt wird. So kann man beispielsweise Personalakten der Beamten vor Unhandlichkeit bewahren, wenn man Bittgesuche, die keine Berücksichtigung finden, den Beamten urschriftlich zurückgibt. In der Rheinprovinz werden seit Jahrzehnten von einzelnen Oberbürgermeister-Ämtern die auf Ausschreibungen verschiedener Art eingegangenen Bewerbungsgesuche, welche unberücksichtigt bleiben mußten, den Gesuchstellern mit kurzer schriftlicher oder aufgedruckter Antwort zurückgesandt. Dadurch wird nicht nur viel Schreibwerk erspart, es werden auch ganz überflüssige Sammelakten, die Zeit und Raum beanspruchen, erübrigt.

Nach bestimmten Fristen bedeutungslos werdende Sachen sind gar nicht erst zu heften, sondern können mit laufenden Nummern versehen, in Fächern aufbewahrt und monats- oder jahrgangsweise zusammengepackt, mit Aufschriften versehen, später weggelegt werden.

Registraturen, in denen ein solches Verfahren üblich ist, nennt man:

Zettel-Registraturen.

In einer Zettelregistratur können z. B. Polizei-Übertretungssachen nach ihrer Tagebuch-(Journal-)Nummer; Einkommensteuer-Reklamationen nach dem Alphabet und Requisitionssachen (Ersuchen anderer Behörden) für bestimmte Zeitabschnitte gesammelt werden.

Bei Requisitionen anderer Behörden kann die Sammlung sehr beschränkt werden, wenn die betr. Sachen nach erfolgter Erledigung urschriftlich zurückgesandt werden. Da innerhalb eines bestimmten Zeitraumes auf manche Sache zurückgegriffen werden kann, so ist die ordnungsmäßige Unterbringung und Aufbewahrung auch solcher wertlos scheinenden Schriften ebenso genau zu beobachten, wie die aller übrigen Akten.

Dadurch, daß man in ordnungsmäßig geführten Registraturen bestrebt ist, die Akten nicht mit überflüssigen Schriften — wie Sammelsachen — zu beschweren, gestaltet man sie übersichtlich. Die gute Übersichtlichkeit der Akten dient, weil sie Zeit spart, gleichfalls der Geschäftsvereinfachung bei Behörden.

In geeigneten Fällen können Abschriften von Schriftstücken, die an andere Behörden oder zu anderen Akten abgegeben werden, durch kurze Vermerke in den Akten (Registraturnotizen oder Journalauszüge) ersetzt werden. Ist zu erwarten, daß eine mehrere Schriftstücke umfassende Sache an andere Behörden übersandt werden soll, so ist es besser, sie nicht in die betreffenden Akten zu nehmen, sondern sie zu einem Hefte zu vereinigen, auf dessen Umschlag der Inhalt kurz zu bezeichnen ist. Dies geschieht auch stets bei Vorlage mehrerer zu einer Sache gehörigen Schriftstücke.

Die Registratur-Ordnung verlangt, daß die bei der Behörde eingehenden Sachen nicht ohne vorherige Eintragung in das Tagebuch (Geschäftsjournal) in den Geschäftsgang gegeben werden. Dennoch läßt sich auch hier in einzelnen Fällen eine Vereinfachung insofern erzielen, als nicht alle zu einer

Sache eingeforderten Berichte usw. nach ihrem Eingange wieder besondere neue Nummern erhalten müssen, sondern zur Verminderung des Schreibwesens in einer Mappe gesammelt und sodann zusammen unter einer Nummer mit der Ursache vorgelegt werden. Zur Vervollständigung dient ein Registratur-Vermerk, nach welchem die geforderten Berichte usw. (unter Angabe der Zahl) richtig eingegangen sind.

Wenn zum Beispiel von einer Stadtverwaltung eine Umänderung oder Neueinrichtung des Sparkassenwesens beabsichtigt wird und zu diesem Zwecke 36 deutsche Großstädte ersucht werden, je ein Stück ihrer Sparkassenvorschriften zu übersenden, so ist es nicht notwendig, jedes eingehende Stück besonders zu buchen. Die 36 Sparkassenvorschriften werden vielmehr gesammelt und nach vollzähligem Eingang mit der Ursache und dem vorher erwähnten Vermerk dem Bürgermeister, oder Stadtrat, der die Angelegenheit bearbeitet, vorgelegt.

Zur Vereinfachung des Registraturdienstes ist es zweckmäßig, wenn bei Sachen mit zahlreichen Heften und Anlagen von den expedierenden Beamten die einem Berichte oder Schreiben mitzusendenden Anlagen mit Nummern oder Buchstaben versehen werden.

Es ist das bei Abfertigung einer Sache eine unbedeutende Arbeit, die jeden Irrtum ausschließt und der Registratur sehr viel Zeit spart. — Je mehr Dienststellen die Sachen bis zur Erledigung zu durchlaufen haben, desto umständlicher wird der Geschäftsgang sein.

Deshalb ist der Geschäftsgang bei solchen Behörden ein vereinfachter, in denen der Registratur- und Expeditions-(Abfertigungs-)Dienst vereinigt ist. Dort wird das häufige Hin und Her der Sachen von der Registratur zum Sekretariat, (zur Expedition, Abfertigung), das Verausgaben und Vermerken von Akten, Schriften usw. erspart. Der expedierende Registrator erledigt die Sachen, deren Gang er von Anfang bis zu Ende zu verfolgen die beste Gelegenheit hat, nach vorhandenen Vorgängen in üblicher Weise und legt sie mit solchen Sachen, deren Erledigung sich der verfügende Oberbeamte selbst vorbehalten hat, diesem vor.

Wo aber die Einrichtung der Behörden eine solche Vereinigung nicht gestattet, ist es zweckmäßig und von großem Vorteil für alle Dienstverhältnisse, wenn auch die nicht im Registraturdienst beschäftigten Beamten sich mit diesem Dienstzweige bekannt machen, damit Einrichtungen und Verfügungen vermieden werden, die den Geschäftsgang nicht vereinfachen, sondern eher erschweren.

So kann es z. B. nur Unkenntnis der Registratureinrichtung sein, wenn viele der zur Erledigung von Sachen abgefaßten Erinnerungsschreiben weder Aktenzeichen, noch Journalnummer enthalten. Es gehen fast täglich so unvollständige Schriftstücke bei den Ämtern ein.

Z. B.:

„Ich erinnere an Erledigung des Schreibens vom 24. Dezember v. Js.;“ —

oder:

„Um sofortige Rücksendung der dorthin gesandten Akten c/a. Müller wird ersucht.“

Gelangt ein solches Erinnerungsschreiben an ein kleines Amt, so wird die Sache noch leicht zu ermitteln sein.

Eine Beschleunigung der Sache ist jedoch ausgeschlossen, wenn derartige Erinnerungsschreiben erst die sämtlichen Abteilungen ganz großer Behörden (z. B. der Berliner Stadt- oder Polizei-Verwaltung) durchlaufen müssen, ehe sie zur endlichen Ermittelung der Vorgänge führen. Der Gedanke nach Schreibverminderung darf zu derartigen Zeitversäumnissen und dienstlichen Störungen an anderen Stellen nicht den Anlaß geben.

Es kann kurz und doch ausführlich erinnert werden.

Z. B.:

„In der Gustav Freytagschen Erbschaftssache erinnere ich an Erledigung meines Ersuchens vom 24. v. Mts. I B 5923."

Deshalb und auch um vor dem Abgang zu prüfen, ob die Sache, welche die Erinnerung veranlaßte, nicht schon eingegangen ist, werden bei großen Behörden die Erinnerungsschreiben durch die Registratur veranlaßt.

Bei einiger Denkübung dürfte sich in dem für die Ordnung des Geschäftsganges bedeutungsvollen Registraturdienst noch manche andere Vereinfachung zum Besten des Publikums und der Behörde erzielen lassen.

Allgemeines.

Registratur-Notizen.

Um eine Registratur gut zu führen, ist es nötig, daß alle Einrichtungen klar und zweckmäßig sind.

Neben den erklärten Journalen und Büchern noch Karten-, Zeichnungs-, Vortrags-, Kanzleisachen-Register zu führen, würde die Vielschreiberei nur unnötigerweise vermehren und die Handhabungen des Registraturbeamten erschweren.

Im allgemeinen ist noch zu beachten, daß alle zur Vorlage kommenden und in den Geschäftsgang gegebenen Akten stets ordnungsmäßig geheftet sein müssen und sich innerhalb der Akten lose Schriftstücke niemals vorfinden dürfen. Die mit den Akten vorzulegenden Schriftstücke müssen stets über und dürfen nie unter dem Aktendeckel liegen. Das Verstecken einer losen Sache in den Akten begünstigt das Abhandenkommen, zum mindesten jedoch das Verschleppen der Sache.

Alle Sachen, welche unter Rückerbittung zur Behörde gelangen, sind mit Umschlägen zu versehen, welche Datum, Inhalt und Journalnummer enthalten. Ebenso gehört die Anfertigung von Registratur-Notizen über Sachen, welche in der Urschrift weiter gegeben und abgesandt werden, zur ordnungsmäßigen Vervollständigung der Akten.

Die Registratur-Räume.

Die Räume der Registratur müssen hell und trocken sein und eine möglichst ruhige Lage haben.

Außer den Aktenaufbewahrungsgerüsten befinden sich darin noch Fächer-Einteilungen zur übersichtlichen Aufbewahrung aller Register und Journale und zur Aufnahme von Akten, welche im Geschäftsgange abgeworfen, jedoch noch nicht weggelegt werden können, weil die Sachen, mit denen sie vorgelegt wurden, noch nicht erledigt sind.

Um das Einstäuben der Akten zu vermindern, ist den Leuten, welche für die Reinigung der Räume zu sorgen haben, an Stelle des Auffegens, das Aufwischen des Fußbodens anzuempfehlen.

Tägliches Lüften der Räume ist ebenfalls notwendig.

Besondere Pflichten der Registratur-Beamten.

Schlußwort.

Neben den in den einzelnen Abschnitten erwähnten Pflichten der Registraturbeamten muß als die vornehmste Pflicht die Amtsverschwiegenheit, welche in allen Sachen und überall zu wahren ist, bezeichnet werden.

Die Verletzung des Amtsgeheimnisses zieht nicht nur Unannehmlichkeiten nach sich, sondern wird auch gesetzlich mit Strafen geahndet.

In allen Sachen beobachte der Beamte Ordnung und Umsicht.

Er vermeide das Ansammeln von Resten und solcher Sachen, welche aktenreif und nach entsprechender Unterbringung fortzulegen sind.

Durch strenge Pflichterfüllung, genaue Handhabung aller Obliegenheiten seines Amtes wird der Registraturbeamte zur Förderung eines ordnungsmäßigen Geschäftsganges beitragen und dadurch auch das Ansehen seiner Behörde fördern.

Der Beamte sei im Kleinen und Kleinsten treu, denn

„Großes hat erreicht, wer sich gewöhnt im Kleinen unverbrüchlich treu zu sein.“

Anhang.

I. Registraturplan einer Regierung.*)

(Unter Zugrundelegung der Geschäfts-Anweisungen.)

I. Abteilung. Regierungs-Präsident.

(Präsidial-Abteilung.)

Abschnitt 1. Die inneren Angelegenheiten der Landeshoheit:

Verfassungssachen.

Ständische Sachen.

Landesgrenzsachen.

Auslieferung fremder Untertanen.

Veröffentlichung der Gesetze und Verordnungen durch das Amtsblatt.

Abschnitt 2. Die Sicherheits- und Ordnungspolizei.

Gefängnisse.

Straf- und Korrektions-Anstalten.

Vorbeugung von Feuersbrünsten und polizeiwidrigen Bauten.

Wiederherstellung abgebrannter Gebäude.

Armensachen.

---

*) Der Geschäftskreis der Regierung erstreckt sich auf alle Gegenstände der inneren Landesverwaltung, welche von dem Staatsministerium, dem Ministerium der auswärtigen Angelegenheiten, dem Ministerium des Innern, der geistlichen Unterrichts- und Medizinal-Angelegenheiten, der Finanzen, des Handels und Gewerbes, dem Kriegsministerium, dem Ministerium für Landwirtschaft, Domänen und Forsten und dem Ministerium für öffentliche Arbeiten abhängen, insoweit diese Gegenstände nicht besonderen Verwaltungsbehörden ausdrücklich übertragen sind.

Abschnitt 3. Medizinal- und Gesundheitssachen:

Verkehr mit Medikamenten.

Verhütung von Kuren durch unbefugte Personen.

Vorkehrungen gegen ansteckende Krankheiten und Seuchen unter den Menschen oder Tieren.

Kranken- und Irrenhäuser.

Rettungsanstalten.

Unverfälschtheit und Gesundheit der Lebensmittel.

Abschnitt 4. Das gesamte Kommunalwesen (soweit die Einmischung dem Staate vorbehalten ist):

Aufsicht über Korporationen.

Gesellschaften.

Verbindungen.

Öffentliche Institute und Anstalten; sofern selbige nicht bloß einen gewerblichen Zweck haben.

Brand- und andere Versicherungs-Anstalten und Gesellschaften.

Abschnitt 5. Sämtliche Militärsachen.

Rekrutierung.

Mobilmachung.

Verpflegung.

Märsche, Einquartierung.

Servis.

Festungsbau.

Invalidenwesen.

Abschnitt 6. Bausachen, Baupolizei.

Abschnitt 7. Die gesamte Gewerbepolizei.

a) Gewerbe-, Fabriks-, Handels-, Schiffahrts-, Gewerks- und Innungssachen.

Erteilung von Konzessionen.
Dispensationen und Legitimationen.
Marktverkehr.
Bildungsanstalten für Kunsthandwerker u. a.
Aufsicht über Korporationen.
Gesellschaften und Anstalten, welche nur gewerbliche Zwecke haben.

b) Münz-, Maß- und Gewichtspolizei.
Ajustierungssachen.

c) Öffentliche Kommunikationen.
Land- und Wasserstraßen.
Chaussee-Anlagen.
Strom-, Deich- und Brückenbauten.
Fähren.
Hafenbauten.
Lotsen.
Seeleuchten.

d) Ausführung der Bestimmungen über die Sonntagsruhe im Handelsgewerbe.

e) Unfallversicherung.
Invaliditäts- und Altersversicherung.

Abschnitt 8. Die Feld-, Forst- und Jagdpolizei.

Feld- und Gartenbau.
Vorflut, Entwässerung und Landesmeliorationen.

Abschnitt 9. Aufsicht und Verwaltung der Regierungs-Hauptkasse.

Abschnitt 10. Verschiedenes. (Statistik.)

Die Personalien werden in dem Präsidialbureau, welches zu keiner Abteilung gehört, bearbeitet. Dasselbe ist auch zum Teil für die Bearbeitung der Angelegenheiten, welche sich auf die höhere politische Polizei beziehen, zuständig.

II. Abteilung. Abteilung für Kirchen- und Schulwesen.*)

Abschnitt 1. Aufsicht über die Kirchen.

Abschnitt 2. Aufsicht über die Schulen und Erziehungs-Anstalten.

Abschnitt 3. Fromme und wohltätige Stiftungen und Anstalten.

Abschnitt 4. Literarische Gesellschaften.

Abschnitt 5. Verschiedenes. (Statistik.)

III. Abteilung. Abteilung für direkte Steuern, Domänen und Forsten.

Abschnitt 1. **Direkte Steuern:**
Grundsteuern aller Art.
Staats-Einkommensteuern.
Gewerbesteuer.
Kataster-Grundbuch.

Abschnitt 2. **Domänen:**
Grundstücke.
Verpachtungen.
Gewässer.
Bernstein-Nutzungen.
Mühlen.
Kassen- und Rechnungswesen.

Abschnitt 3. **Forsten:**
Regulierung des Bewirtschaftungsplanes.
Jagd-Angelegenheiten.
Forstbeamte.
Forstgrundstücke.

---

*) In der II. Abteilung werden nur die Kirchen- und Schulsachen bearbeitet, insoweit erstere nicht den Konsistorien, letztere nicht den Provinzial-Schulkollegien übertragen sind.

Holz- und Hütungsberechtigungen.
Forstdienstgebäude.
Bau von Brücken und Wegen.
Verpachtung und Veräußerung der Forstgrundstücke.
Forstkassen- und Rechnungswesen.
Verschiedenes. (Statistik.)

Anmerkung. Der vorstehende Plan wird mit den Registraturplänen der Bezirks-Regierungen einzelner Provinzen und Landesteile nicht vollständig gleichlautend sein, weil die Verhältnisse der einzelnen Provinzen Verschiedenheiten aufweisen.

Deshalb läßt sich auch ein Einheits-Registraturplan für alle Behörden nicht aufstellen und der vorstehende Plan soll nur als annäherndes Beispiel dienen. Demselben entsprechend werden alle übrigen Provinzial- und Landesbehörden (Provinzial-Schulkollegien, Steuer-Direktionen, Generalkommissionen u. a.) die Registraturpläne angelegt haben.

Auch für die unter den Regierungen stehenden Kreisbehörden kann der Plan den Repertorien teilweise zugrunde gelegt werden.

II. Registratur-Plan einer Stadt-Verwaltung.

Magistrat, Bürgermeister-Amt, Stadtrat.

I. Abteilung.

Abschnitt 1. Personalien:

Ober-, mittlere und Unterbeamten.
Das Prüfungswesen.
Das Altersstufen-System.

Abschnitt 2. Allgemeine Dienst-Angelegenheiten:

Der Geschäftsgang.
Die Stadtverordnetenwahlen.
Stadtverordneten-Vorsteher und Bureau.
Stadtverordnetenberatungen.
Die Städteordnung.

Abschnitt 3. Wahlen:

Wahlen zum Abgeordnetenhause.
Wahlen zum Reichstag.
Wählerlisten.

Abschnitt 4. Bureauwesen:

Das Archiv.
Die Bibliothek.
Die städtischen Bureaus.
Bureau-Beamte.
Bureau-Bedürfnisse.

Abschnitt 5. Dienstgebäude-Verwaltung:

Das Rathaus. (Bürgermeisterei.)
Schulgebäude.
Stadtwagegebäude.
Waisenhaus.
Krankenhaus.
Schlachthaus.

Abschnitt 6. Vermögensverwaltung. Etats-Kassen- und Rechnungswesen:

Der Stadthaushalt.
Die Voranschläge.
Das Kämmerei-Vermögen.
Verpachtungen und Vermietungen.
Schulden und Lasten.
Die Kämmereikasse.
Die Steuerkasse.
Die Sparkasse.
Das Leihamt.
Gehälter, Tagegelder, Reisekosten.
Verschiedenes.

Abschnitt 7. **Schulen:**

Bildungs- und Erziehungs-Anstalten.
Realschule.
Mittelschule.
Die Gemeindeschulen.
Fortbildungsschule.
Frauenindustrieschule.
Volksbildungsverein (Zuschuß).
Kunstmuseum.
Naturhistorisches Museum.
Volkslesehalle.
Die Schuldeputationen.
Das Schulpersonal.
Stiftungen, Legate, Stipendien.
Verschiedenes.

Abschnitt 8. **Das Standesamt:**

Abschnitt 9. **Statistik.**

II. Abteilung. Armenwesen.

Abschnitt 1. **Armen-Deputation.**

Armenräte.
Waisenräte, Armenärzte.

Abschnitt 2. **Das Krankenhaus:**

Die Verwaltung.
Ärzte.
Krankenwärter.
Krankenwärterinnen.
Blatternbaracke.
Verschiedenes.

Abschnitt 3. **Das Waisenhaus.**

Die Verwaltung.

Waisenvater.

Abschnitt 4. **Das Bürgerspital:**

Verwaltung.

Suppenverteilung.

Verpflegung armer Kinder.

Abschnitt 5. **Das Obdachlosenhaus.**

Abschnitt 6. **Milde Stiftungen.**

Abschnitt 7. **Unterstützungswesen.**

Verschiedenes.

III. Abteilung. Bauwesen.

Abschnitt 1. **Die Bauordnung:**

Öffentliche Gebäude.

Privatgebäude.

Brücken, Dämme.

Öffentliche Plätze, Bauplätze.

Abschnitt 2. **Gärten:**

Vorgärten.

Stadtpark, Promenaden, Verschönerungen.

Anlagen und Pflanzungen, Orangerie.

Brunnen.

Brunnenanlagen.

Springbrunnen.

Abschnitt 3. **Festungsbau:**

Festungsterrain.

Festungsgrundstücke.

Baracken.

Abschnitt 4. Gerüste:
Balkons.
Zäune.
Fahnenstangen.

Abschnitt 5. Wasserleitung. (Verwaltung.)
Bau und Weiterführung.

Abschnitt 6. Gas-Anstalt. (Verwaltung.)
Beleuchtung.

Abschnitt 7. Kanalisation.

Abschnitt 8. Straßenreinigung.
Das Besprengen der Straßen.

Abschnitt 9. Bedürfnis-Anstalten.

Abschnitt 10. Straßenpflasterung:
Pflaster-Unterhaltung und Reparaturen.
Straßensperrungen.
Straßenübergänge, Bürgersteige.

Abschnitt 11. Straßenschilder:
Hausnummern.

Abschnitt 12. Anschlagssäulen:
Wettersäulen.

Abschnitt 13. Feuerlöschwesen:
Die Brandordnung.
Die Feuerwehr.
Feuerwehrgebäude und Übungswesen.
Feuerwehrgerätschaften.
Feuermelder.
Telegraphenstationen.
Brandunfälle.
Verschiedenes.

Abschnitt 14. Theater.

Abschnitt 15. Denkmäler.

Abschnitt 16. Gebühren.

IV. Abteilung. Steuerwesen.

Abschnitt 1. Staatssteuern:
a) Grund- und Gebäudesteuer.
Gewerbesteuer.
b) Stempelabgaben.
c) Sonstiges.

Abschnitt 2. Gemeindesteuern:
a) Gemeinde-Einkommensteuer.
b) Hundesteuer.
Wildbretsteuer.
Andere Steuern.

Abschnitt 3. Kommunal-Zuschläge:
Steueraufhebung.
Steuerfreiheit.
Doppelbesteuerung.

Abschnitt 4. Einschätzungs-Kommission:
Das Einschätzungswesen.
Reklamations-Kommission.
Die Reklamationen.

Abschnitt 5. Das Exekutions-Amt:
Vollziehungsbeamte.
Gebühren.

V. Abteilung. Polizeiwesen.*)

Abschnitt 1. Polizei-Verordnungen.
Sicherheits- und Ordnungspolizei.
Gesundheitspolizei.

---

*) In Städten mit Königlicher Polizei-Verwaltung fällt diese Abteilung fort.

Abschnitt 2. Baupolizei.
Feuerpolizei.
Wasserpolizei.
Straßen- und Wegepolizei.

Abschnitt 3. Sittenpolizei.

Abschnitt 4. Armenpolizei.
Gesindepolizei.

Abschnitt 5. Markt- und Gewerbepolizei.

Abschnitt 6. Polizeistrafen.
Polizeigefängnis.
Verwaltung.
Gefängniswärter.

Abschnitt 7. Heimschaffung unbemittelter Fremder.
Unterstützungskasse.

Abschnitt 8. Fremden- und Gasthauspolizei.

Abschnitt 9. Verschiedene Angelegenheiten.

VI. Abteilung.

Abschnitt 1. **Enteignungssachen**:
Parzellierungen.

Abschnitt 2. **Stadtwaldungen**:
Verwaltung. Holzschläger.
Jagdverpachtung.
Wiesen. Nutzung. } Verpachtungen.
Fischerei. Nutzung. } Verpachtungen.

Abschnitt 3. **Verpachtungen**:
Fleischbänke.
Brotbänke.
Marktbuden.

Abschnitt 4. **Woll- und Pferdemärkte.**

Abschnitt 5. **Streitsachen.** (Prozesse.)

Abschnitt 6. **Das gewerbliche Schiedsgericht:**
Schiedsmannswesen.
Wahl der Schiedsmänner. Schiedsrichter.

Abschnitt 7. **Das Innungswesen.**

Abschnitt 8. **Das Servis-Amt:**
Die Servis-Deputation.
Militär-Baracken.
Truppen-Einquartierung.
Kriegsleistungs-Deputation.

Abschnitt 9. **Kranken-, Unfall-, Alters- und Invaliditäts-Versicherungswesen.**

Abschnitt 10. **Verschiedenes.**

III. Registratur-Plan eines größeren Gemeinde-Amtes.

I. Abteilung.

Abschnitt 1. **Gemeinde-Verwaltung:**
Allgemeines über Gemeinde-Verwaltung.
Die Gemeinde-Vertretung. (Wahlen.)
Der Gemeinde-Verband.

Abschnitt 2. **Das Gemeinde-Amt:**
Die Gemeindebeamten.
Gemeindebeamte im Ehrenamt.
Besoldete Gemeindebeamte.
Der Gemeindevorsteher.
Schöffen und Stellvertreter.
Gehälter und Pensionen.

Abschnitt 3. Staats-Verwaltung:
Wahlen für das Abgeordnetenhaus.
Wahlen für den Reichstag.
Wählerlisten.

Abschnitt 4. Das Gemeinde-Vermögen:
Kassen-Verwaltung.
Der Gemeinde-Haushalt.
Die Abgaben-Umlagen.
Steuern.
Das Gemeinde-Vermögen in Grundstücken.
Verpachtungen.
Auseinandersetzungen. Rezesse.
Veräußerungen.
Anleihen.
Schenkungen.

Abschnitt 5. Schulen:
Armenhaus.
Waisenhaus.

Abschnitt 6. Kranken-, Unfall-, Alters- und Invaliditäts-Versicherung.

II. Abteilung. Polizei-Angelegenheiten.

Abschnitt 1. Gewerbepolizei.
Gewerbebetriebe.
Schankwirtschaften.
Kleinhandel mit Branntwein und Spiritus.
Aufsicht über Innungen. Arbeitsbücher.

Abschnitt 2. Wohlfahrts- und Ordnungs-Polizei.

Abschnitt 3. Sicherheits-Polizei:
Feuerpolizei.
Feuer-Versicherung.

Abschnitt 4. **Das Dorfgericht:**
Amtshandlungen.
Mitglieder des Dorfgerichts.

Abschnitt 5. **Verschiedenes.**

IV. Registratur-Plan eines Amtes (Amtsbezirks).

I. Abteilung. Amts-Angelegenheiten.

Abschnitt 1. **Der Amtsbezirk:**
Guts- und Jagdbezirke.
Der Amtsvorsteher.
Die Amts-Verwaltung.
Der Amts-Ausschuß.
Amtsunkosten.

Abschnitt 2. **Staats-Angelegenheiten:**
Wahlen.

Abschnitt 3. **Zivilstandssachen:**
Standesamt.

Abschnitt 4. **Militär-Angelegenheiten.**

Abschnitt 5. **Abgaben:**
Kassenwesen.

Abschnitt 6. **Armensachen.**

Abschnitt 7. **Sonstiges.**

II. Abteilung. Polizeiwesen.

Abschnitt 1. **Lokalpolizei.**
" 2. **Ordnungspolizei.**
" 3. **Sittenpolizei.**
" 4. **Gesundheitspolizei.**
" 5. **Gesindepolizei.**

Abschnitt 6. **Armenpolizei.**
„ 7. **Wege-, Wasser-, Feld-, Forst- und Fischereisachen.**
„ 8. **Gewerbepolizei.**
„ 9. **Baupolizei.**
„ 10. **Feuerpolizei.**
„ 11. **Versicherungssachen.**
„ 12. **Sonstiges.**

V. Standesamts-Registraturplan A.

A. Generalakten.*)

(Mit vorgeheftetem Inhaltsverzeichnis und grünen Rücken oder Schwänzen.)

1. **Allgemeine Verwaltung des Standesamtes.**
(In dieses Aktenheft gehören die allgemeinen Verfügungen, soweit sich diese auf die §§ 1 bis 16 und den Gebührentarif des Personenstandsgesetzes beziehen.)

2. **Die Beurkundung der Geburten und Sterbefälle.**
(Wie zu 1, soweit sie sich auf die §§ 17 bis 27 und 56 bis 60 des Gesetzes beziehen.)

3. **Eheschließungsangelegenheiten.**
(§§ 1303—1315, 1322—1335, 1348—1350, BGB., ferner §§ 41, 44—49, 50, 54, 55 des Gesetzes und §§ 1316—1321 BGB. usw.)

4. **Die Beurkundung des Personenstandes der auf See bebefindlichen Personen.**
(§§ 61 bis 64 des Gesetzes.)

---

*) Sämtliche Aktenumschläge mit Inhaltsverzeichnissen, Rücken oder Schwänzen, sowie mit gedruckten Aufschriften sind in den Formularlager des Zentralverbandes der Gemeindebeamten Preußens in Eberswalde vorrätig.

5. **Die Berichtigung der Standesregister, Strafverfolgung und Strafbefugnisse, Beurkundung des Personenstandes von Deutschen im Auslande usw.**
(§§ 65 bis 85 des Gesetzes.

B. Spezialakten*)

(Mit blauen Rücken oder Schwänzen.)

1. Sammelakten für das Geburtsregister (nach Jahrgängen geordnet, § 22 der Ausf.=Anw., kann bei kleinen Ämtern evtl. auch für mehrere Jahre benutzt werden).
2. Sammelakten für das Sterberegister (wie zu 1).
3. Sammelakten für das Heiratsregister, enthaltend die Aufgebotsverhandlungen, jedesmal für 1 Jahr berechnet.
4. Einrichtung des Standesamts, Angelegenheiten der Beamten und etwaiger Dolmetscher.
5. Revision des Standesamtes.
6. Beschaffung der Bureaubedürfnisse.

(Nr. 4–6: Kann bei kleinen Ämtern vereinigt werden.)

7. Erteilung von Auszügen.
8. Anzeigen an die Vormundschafts-, Polizei- und sonstigen Behörden.
9. Statistik.
10. Aufstellung von Verzeichnissen für andere Behörden (Totenliste, Impfliste usw.).
11. Sammelakten, betreffend die Aufnahme besonderer Urkunden über Vaterschaftsanerkennungen (§ 16 BRAB.).

*) Siehe die Anmerkung auf voriger Seite.

Wie zu 4 bis 6. { 12. Sammelakten, betreffend Namenserteilungen gemäß § 1706 BGB.
13. Sammelakten, betreffend Namensänderungen von geschiedenen Ehefrauen (§ 1577 BGB.).

14. Aufgebotsverhandlungen von solchen Fällen, wo die Eheschließung innerhalb 6 Monaten nicht stattgefunden hat.

Der vorstehende Standesamts-Registraturplan ist nach einer Verfügung des Herrn Regierungspräsidenten zu Düsseldorf vom 20. Dezember 1901 in den Registraturen der 66 städtischen Standesämter des Regierungsbezirks eingeführt worden und hat sich praktisch bewährt. Er bietet einen wertvollen Anhalt zur Einrichtung einer Registratur.

Der Standesamts-Registraturplan wurde dem Verfasser des vorliegenden Leitfadens von dem Herausgeber und Verleger der Zeitschrift „Das Standesamt“, Herrn Standesbeamten L. Schmitz in Meiderich am Niederrhein zum Nutzen vieler anderer Standesämter freundlichst zur Verfügung gestellt.

Im allgemeinen bewegt sich der Verkehr auf den Standesämtern in geregelten Bahnen. Die meisten Schriftstücke gelangen nach ihrer Erledigung zu den Sammelakten (§ 22 der Ausf.-Anw. des Bundesrats.) Die zeitraubende Aufsuchung von Standesamts-Beurkundungen wird durch die allgemeinere Einführung der Familienstammbücher vermindert. Über die in der Standesamts-Registratur vorhandenen Akten ist ein genaues Verzeichnis zu führen (vgl. den Abschnitt „Aktenverzeichnis“.) Die Spezialakten der meisten Standesamts-Registraturen sind zweckmäßigerweise vom 1. Januar 1900 mit der Einführung des BGB. neu angelegt worden. Den Standesämtern mit über 100000 Seelen wird anheimgestellt, die Registratur durch Anlegung weiterer, etwa erforderlich werdender Akten zu ergänzen (vgl. Standesamts-Registraturplan B.).

Standesamts-Registraturplan B.

Abschnitt I. Einrichtung des Standesamtes.

Nr. 1. Standesamt und Standesamts-Bezirke.
Nr. 2. Bestellung des Standesbeamten.
Nr. 3. Standesbeamten-Stellvertreter.
Nr. 4. Persönliche Verhältnisse des Standesbeamten.
Nr. 5. Dolmetscher.
Nr. 6. Gehalts- und Remunerations-Verhältnisse der Standesbeamten.
Nr. 7. Geschäftsführung.

Abschnitt II. Gesetzesbestimmungen zur Führung der Standes-Register.

Nr. 1. Allgemeine Bestimmungen zum Gesetz über Beurkundung des Personenstandes.
Nr. 2. Verfügungen und Entscheidungen zum 1. Abschnitt des Gesetzes. Allgemeines.
Nr. 3. Verfügungen und Entscheidungen zum 2. Abschnitt des Gesetzes. Beurkundung der Geburten.
Nr. 4. Verfügungen und Entscheidungen zum 3. Abschnitt des Gesetzes. Erfordernisse der Eheschließungen.
Nr. 5. Verfügungen und Entscheidungen zum 4. Abschnitt des Gesetzes. Form und Beurkundung der Eheschließung.
Nr. 6. Verfügungen und Entscheidungen zum 5. Abschnitt des Gesetzes. Beurkundung der Sterbefälle.
Nr. 7. Verfügungen und Entscheidungen zum 6. Abschnitt des Gesetzes. Beurkundung des Personenstandes der auf See befindlichen Personen.
Nr. 8. Verfügungen und Entscheidungen zum 7. Abschnitt des Gesetzes. Berichtigung der Standes-Register.

Nr. 9. Verfügungen zum 8. Abschnitt des Gesetzes. Schlußbestimmungen.

Nr. 10. Allgemeine Verwaltung.

Nr. 11. Die für andere Behörden auszufertigenden Register-Auszüge.

Nr. 12. Schriftwechsel in Standesamts-Angelegenheiten:
- a) zum Geburtsregister.
- b) „ Heiratsregister.
- c) „ Sterberegister.

Nr. 13. Namensänderungen:
- a) im allgemeinen.
- b) im besonderen.

Schriftwechsel.

(Werden derartige Spezialakten sehr umfangreich, so ist auch hier die Anlage eines Inhalts-Verzeichnisses — und zwar alphabetisch geordnet — zum Zwecke der späteren leichten Auffindung einzelner Namensänderungen empfehlenswert. Vgl. Abschnitt: „Die Akten.")

Nr. 14. Abgabe der Hauptregister.

Nr. 15. Revisionen des Standesamts. (Revisionsbemerkungen).

Abschnitt III. Kassen-Sachen.

Nr. 1. Gebühren.

Nr. 2. Porto-Bestimmungen.

Abschnitt IV. Register-Formulare.

Nr. 1. Bestimmungen über Formulare.

Nr. 2. Beschaffung der Formulare.

Nr. 3. Inventarien-Verzeichnisse.

Abschnitt V. Statistik.

Nr. 1. Aufstellung statistischen Materials.

VI. Plan zur Anlage eines Lagerbuches.

In den Archiven der Stadtverwaltungen gehört die ordnungsmäßige Einrichtung und Fortführung des Lagerbuches zu den Aufgaben der Registratur, in welcher die Akten über das Vermögen der Stadt und über das Etats-Kassen- und Rechnungswesen verwaltet werden. Das Lagerbuch dient dem zuverlässigen und übersichtlichen Nachweis des Gesamtvermögens einer Stadt und kann nur durch eine ordnungsmäßig geführte Registratur seine wertvolle Einrichtung und Ergänzung finden.

Beispiel zur Einrichtung und Führung eines Lagerbuches. (Nach Gruppen geordnet. Stadtverwaltung.)

I. Kämmerei-Vermögen.

A. Aktivvermögen.

Immobiliarvermögen (Grundstücke, Hallen, Denkmäler usw.).
Kapital, Mobiliar- und Betriebsvermögen.

B. Passivvermögen.

Schulden und fundierte Leistungen.

II. Fonds.

Haupt-Armenfonds.
Immobilien.
Kapitalien.
Waisenknabenfonds.

III. Stiftungsvermögen.

Immobilien. Kapitalien.

IV. Vorratsvermögen.

(Fonds, die zu verschiedenen Zwecken bestimmt sind, z. B. Brückenbaufonds, Verschönerungsfonds, Notstandsfonds, Landwehr-Unterstützungs-Invalidendarlehnsfonds.)

V. Das Gemeinde-Anstaltsvermögen.

Sparkasse. Pfandleihkasse.

Gas- und Wasserwerke.

Stadttheater.

Die Eintragungen in das Lagerbuch geschehen nach laufenden Nummern, welche die erste Spalte bilden. Weitere Spalten, wie Benennung, Lage, Beschreibung, Flächenraum, Wert, Nutzungswert, Gesamtwert, Beschränkungen, Veränderungen, Bemerkungen usw. folgen in zweckmäßiger Weise. Zur Erläuterung einzelner Eintragungen notwendige Situationspläne und Zeichnungen, Rezesse usw. werden in Mappen unter genauer Bezeichnung der Lagerbuch-Gruppe und der laufenden Nummer neben dem Lagerbuche in dem Stadtarchiv aufbewahrt.

VII. Plan zur Führung einer kleinen Bibliothek.

Ebenso, wie die Registratur, muß auch die Bibliothek (Bücherei) in luftigen, trockenen und hellen Räumen untergebracht sein. Die Bücher der Bibliothek müssen, wie die Akten der Registratur, nach einer bestimmten, gut durchdachten Ordnung in Schränken, oder offenen Fächergestellen untergebracht werden.

Die Unterbringung in Schränken wird zur Vermeidung des lästigen Einstäubens immer vorzuziehen sein. Ist die Unterbringung in Fächergestellen eingeführt, so sind die großen Bücher nach unten, die kleineren nach der Mitte und die kleinen nach oben zu stellen. Eine Bibliothek muß ebenso gegliedert sein, wie eine gute Registratur. Der Katalog (das Bücherverzeichnis) vertritt bei der Bibliothek die Stelle des Repertoriums (Akten-Inhaltsverzeichnisses) der Registratur und ebenso, wie die Akten die Nummer und das Zeichen des Repertoriums tragen, so haben die Bücher der Bibliothek Zeichen und Nummer des Katalogs, wonach sie gesucht und gefunden werden müssen.

Empfiehlt sich zur Unterscheidung und leichteren Auffindung der Akten an Stelle der mehr und mehr in Wegfall kommenden farbigen Aktenschwänze, die Anlage farbiger Aktenrücken, so wird auch die auf einem Zettelchen auf den Bücherrücken vermerkte Katalognummer aus farbigem Papier als Merkmal für eine besondere Büchergruppe der Bibliothek empfehlenswert sein. Die Register und Gesetzsammlungen sind übersichtlich nach Jahrgängen geordnet, aufzustellen. Bedeutungsvolle Handschriften, Abschlüsse, Vergleiche, Verträge (Rezesse) sind besonders und unter genauer Beschreibung des Aufbewahrungsortes zu verzeichnen. Die Polizei-Verordnungen sind in einem Exemplar durch Hinzufügung und Einschaltung von Änderungen und Neuerungen stets auf dem Laufenden zu erhalten.

Der Katalog der behördlichen Bibliothek ist zur leichten Auffindung der Bücher nach dem Alphabet einzurichten. Das gewünschte Buch muß nach dem Namen des Verfassers und nach der Inhaltsbezeichnung aufzufinden sein. Bezieht sich der Titel eines Buches auf mehrere Angelegenheiten, z. B.: „Familien- und Verwandtschaftsrecht"; oder: „Familien- und Namenrecht", so muß das Buch im Katalog nach den einzelnen Bezeichnungen und nach dem Verfasser aufzufinden sein.

Die zu dienstlichen Sachen notwendigen Bücher sind in der Bibliothek in ähnlicher Weise, wie die Akten in der Registratur, unter Nummernvermerk in ein Ausgabebuch zu schreiben, dort zu überwachen und bei Rückgabe zu streichen.

Die Bücher müssen vor der Verausgabung jedenfalls erst im Katalog aufgenommen, mit der Katalognummer und dem Stempel der Behörde versehen sein.

Die Verausgabung von Büchern ohne den Nachweis einer dienstlichen Sache erfolgt nur gegen Bescheinigung, die bei der Rückgabe durchstrichen oder eingerissen behändigt wird.

VIII. Prüfungsfragen-Verzeichnis.

1. **Was ist eine Registratur?**
Eine Registratur ist die Schriftenordnungsstelle der Behörde. (Vgl. die Einleitung.)

2. **Welche Obliegenheiten hat die Registratur?**
Die Registratur hat alle zur Behörde gelangenden Schriften: Erlasse, Verfügungen, Gesuche und Eingaben ordnungsmäßig zu verzeichnen, nach ihrem Inhalt zu ordnen, mit zugehörigen Akten oder Vorgängen in den Geschäftsgang zu geben und nach erfolgter Erledigung zu sammeln und aufzubewahren. (Vgl. Einleitung und Einrichtung.)

3. **Was ist in einer Registratur die Hauptsache?**
Ordnung und Übersicht!

4. **Woran ist die Ordnung und Übersicht einer Registratur leicht zu erkennen?**
Wenn die in einer Registratur geführten Verzeichnisse — Register — so eingerichtet sind, daß sie die schnelle und leichte Auffindung der amtlichen Akten und Schriften ermöglichen. —

5. **Über die Aktenanlage und Aufbewahrung ist ein kurzer Vortrag zu halten, oder ein kleiner, aber klarer Aufsatz zu schreiben.** (Vgl. den betr. Abschnitt.)

6. **Wie muß das Aktenverzeichnis beschaffen sein?**
(Vgl. den betr. Abschnitt.)

7. **Welchen Zweck hat das Eingangs-Journal?**
(Tagebuch, Geschäftsbuch.)

8. **Worin bestehen die Vorteile eines ordnungsmäßig geführten Sach- und Namenregisters?**
(Vgl. den betr. Abschnitt.)

9. **Welchen Zwecken dient das Akten-Ausgabebuch?**
10. **Welchen Zwecken dient der Terminkalender?**
11. **Wodurch wird in überfüllten Registraturen Raum geschaffen?** (Vgl. den Abschnitt: „Aussonderung von Akten.")
12. **Wie kann mit Nutzen der Geschäftsgang in Registraturen vereinfacht und das Schreibwerk vermindert werden?** (Vgl. den betr. Abschnitt.)
13. **Worin bestehen die besonderen Pflichten der Registratur-Beamten?**
14. **Worauf ist jede Registratur begründet?** (Vgl. den Anhang über Registraturpläne der Behörden.)
15. **Wie ist eine kleine, zur Registratur gehörige Bibliothek übersichtlich einzurichten und zu erhalten?** (Vgl. den betr. Abschnitt.)

Diese Fragen umfassen die wesentlichsten Grundzüge des Registraturdienstes. Auf Grund des vorliegenden Leitfadens lassen sich für den Prüfenden jedoch noch zahlreiche Zwischenfragen stellen.

Sachregister.

(Die Ziffern zeigen die Seitenzahl an).

Druck von Herrosé & Ziemsen, G. m. b. H., Wittenberg.

Kolibri 360 GmbH
Ferdinand-Jühlke-Straße 7
99095 Erfurt, Deutschland
produktsicherheit@kolibri360.de